文庫ぎんが堂

怖すぎる実話怪談
瘴気の章

結城伸夫
＋逢魔プロジェクト

イースト・プレス

まえがき

あっという間の七年でした。怖すぎる実話怪談シリーズを毎年一冊ずつ出版を重ねて、今年で七冊目というロングランになりました。

そして、今回も特別寄稿ページには、著名な怪談作家の方々から寄せられた原稿を掲載させていただくというお年玉もご用意しました。

多くの怪談作家の方々と懇意にさせてもらっていますが、酒の席でよく話題に出るのは怪談本を書き上げる際のネタ探し。ことに実話怪談となると、収集が過酷なまでに大変であることが共通し、満身創痍、大いにボヤきボヤかれる野戦病院のような場になります。

怪談はインパクトと共に、その話が稀有なものでなければならない。しかも、それを手にする読者諸兄は、あらゆる怪談本を乱読、精読している『プロの読み手』という立場にあるともいえます。

これは怪談作家としても手を抜けない。お互い切磋琢磨の日々が続く所以です。

おかげさまで拙書の場合は、逢魔が時物語メールマガジンへの膨大な数の投稿が原資となっていますので、まだまだストックは多くあり、美酒になるべく熟成を重ねています。

さらに新しい投稿が追加され、怪奇な話、不思議な話は百花繚乱の体を成しています。

とはいえ、その中から出版物として選ばれるのは、聞いたことがない、読んだことがないと評される話だけ。採用の倍率は有名大学より厳しいかも（笑）です。

本名よりも雲谷斎というハンドルネームの方が一人歩きしている小生ですが、もう二十年も逢魔プロジェクトという活動を主宰しています。儲けるのではなく、みんなで楽しく続けることをモットーに、出版、怪談イベント、ネット配信など続けてきました。

これからも怪談を愛するみなさんと一緒に、健全なエンターテインメントとして楽しんでいければと願っています。

今年も七冊目の出版という夢を叶えていただいたイースト・プレス社。そして、長いお付き合いになる編集者の北畠夏影氏に、改めてありがとうと言わせていただきます。

この本がみなさんにとって、「面白かった」と評価される一冊になることを願って。

逢魔プロジェクト主宰　著者　結城伸夫（雲谷斎）

怖すぎる実話怪談　瘴気の章

目次

視聴

縛感

異

特別寄稿

視

見えることを恨みたくなるモノと遭遇することがある。
網膜に投影するものすべてが、実在するものとは限らぬ。
すぐ傍まで、闇よりも深い何かが近づいて来ているのかも……。

ロビーの階段

「○○旅館？　ふ～ん、あそこに泊まるんか？　気ぃつけや、あそこは出るぞぉ～。地元では有名なんや……」

同じクラスの子が地元に住む叔父さんから、そんな怖ろしいことを忠告されていたことなど、その時は誰も知る由がなかった。

高校生の時、クラスにまいちゃん（仮名）という、とても霊感が強い子がいた。しょっちゅう幽霊を見るらしく、怖い話をよく聞かせてもらっていた。仲良くしていたそのまいちゃんも一緒に、クラス旅行で淡路島に行くことに。

あちこち観光した後、問題の旅館に泊まった。

私たちは羽目をはずし、夕食後は部屋でどんちゃん騒ぎしていた。その時、クラスのある男子とまいちゃんがモメてしまい、まいちゃんは一人で散歩してくると言い残し、部屋を出ていってしまった。

こんな夜中に危ないと思った私は、まいちゃんの後を追って部屋を出た。

「気にせんと、元気出しや！」

慰めてはみたものの、まいちゃんはうわの空で廊下を歩いていく。

どこをどう歩いたのか、いつの間にかロビーに出ていた。

私たちの部屋は別館にあり、ロビーからはかなり離れている。しかも、階段を上って廊下を渡り、さらにまた階段を上ったり下りたりと迷路のような館内。仲居さんに案内されなければ、辿りつけないほど迷いやすかった。

ところが、まいちゃんは自分の家のように、すすっとロビーまで行ってしまったのだ。

「あれ、ロビーに出ちゃったよ」

ということで、ソファーに座って話すことにした。

ロビーは小さな常夜灯が点いているだけで、気味が悪いほど薄暗かった。ソファーからはフロントや、私たちが下りてきた階段が見える。

たわいもない話をしていると、私は（ん……？　なんかヘン）と感じはじめた。

ソファーが宙に浮いてるというか、体がフワフワしているというか、奇妙な浮遊感に襲われているのだ。訳のわからない不安が押し寄せてくる
「ねぇ、まいちゃん……」

堪らずまいちゃんに話そうとすると、なぜか彼女も妙に落ち着かない様子。

私のことより、ちらちらと階段の方に視線を向け何かを気にしている。

こんな時、霊感のあるまいちゃんは、私たちにはわからないモノを感知しているはず。

「まいちゃん、なんか見えるの？」

「……うん。階段にいっぱいいるね」

いっぱい？　いったい何がいっぱいいるというのだろう。

「いっぱいいって、何が……？」

すると、まいちゃんは階段に視線を向けたまま、怖ろしいことを言った。


「膝から下だけのね、足の群れが階段にいるの！」


驚いて私も階段に目をやった。しかし、薄暗い階段があるだけで、何も見えない。

「私には見えへんよ。まいちゃん、ホント？」

私には見えていないだけで、まいちゃんには見えている。

そのことはわかっていたが、問い詰めるしかなかった。すると、まいちゃんは緊張しながら、小声で話しかけてきた。

「ここにいたら、かなりやばいかも……。逃げよう、みんなのところへ逃げよう！」

私は何も見えなくても、普通ではない雰囲気を感じ取っていたので、やはりと思った。

さっきからどんどん寒気がしてきて、泣きたくなるような不安が胸いっぱいに広がっていた。しかし……。

「逃げようって言っても、あの階段を上がらな戻られへんよ。どうする？」

まいちゃんも切羽詰まっていた。

とにかく、一刻も早くここから逃げなければと、追い詰められて焦っていた。

このままだと、足の群れはこっちに気づいて向かってくるかも知れない。

「じゃあ、二人でしっかり手をつないで、階段を駆け上がろう！」

無謀だが、それしか手段はなかった。

私たちは手をしっかりつないで、猛ダッシュで階段を駆け上がった。もつれそうになる足取りで、なんとか階段の踊り場までさしかかった。

踊り場の壁には大きな鏡が嵌め込んである。その鏡をちらっと見た時、私は絶望的になった。

鏡には無数の膝から下の足の群れが映っていた！

そして、そのすべての足が踵を返し、私たちを追いかけようとしていた。

「ぎゃぁぁぁぁぁぁ〜！」

辺りをはばからず悲鳴を上げてしまった。

発狂しそうな恐怖に染まりながら、私たちはみんなのもとへ必死で逃げ込んだ。部屋のみんなは、そんな怖ろしいことが起こってるなど夢にも思わず、枕投げに興じている。私が部屋に飛び込んできたのを幸いに、みんなは枕投げの標的にしはじめた。

枕を体にぶつけられながら、私は泣きながら大声で叫び続けた。

「出た、出たんだよ！　足の群れが追ってくる！」

はじめは笑って信じなかったみんなだったが、あまりにも必死な私の様子に、だんだん信じるようになってきたようだった。

まいちゃんは隣の部屋で、布団を頭から被って震えている。

みんなにも恐怖は伝染し、部屋が分かれているのは良くないと思えた。まいちゃんのいる隣部屋に集まろうということになった。

しかし、私は怖くて廊下に出られなかった。

部屋のドアが開くだけで、ものすごい冷気が部屋に入ってくる。

友達が私を抱えて部屋を出ようとしたが、私は必死に抵抗した。怖くて、怖くて、一歩も部屋の外に出られなかった。

それでも、まいちゃんの部屋はすぐ隣なので、みんなに励まされ、抱えられながらなんとか部屋から逃げるように移動した。

その部屋には、話を聞きつけたクラスの全員が集まった。

しっかりドアも窓も閉め、みんなで真っ青になって長い夜を過ごすことになった。

無言の重い時間が続いた。誰も眠ろうとする者はいない。しばらく経つと、少しは落ち着いてきたのか、あちこちで控えめな雑談がはじまった。

しかし、私とまいちゃんだけは、布団にくるまって震え続けていた。


その時だった。

突如、異変が起きた
押し入れの内側から、ドンドンドンと戸を叩く音がした。

もちろん、押し入れなどに誰も入っている訳がない。

押し入れの近くに座っていた者が、何も考えずさっと押し入れを開けてしまった。

当たり前だが、そこには幾組かの布団やシーツが置かれているだけ。押し入れを閉め、またしばらくすると、ドンドンドンと中から叩く音がする。

どうやらこの音が聴こえているのは、私とまいちゃん、押し入れを開けた者など数人だけらしかった。私たちは他のみんなを怖がらせまいと、黙って耐えることにした。

ドンドン……ドンドンドン……。

断続的だが、ずっと叩き続ける音は続いた。

すると今度は、コンコン……コンコン……。入り口のドアをノックする音がする。

誰かが来たのかと思ったが、クラス全員がこの部屋にいる。他の部屋にいるのは、引率の先生や、何も知らずとっくに寝ているはずの生徒だけ。

誰かがドアを開けようと立ち上がって、近づいていく。

「ダメ！　絶対開けないで！」

私が叫ぶと、その子は開けようとしていた手を止め、「誰？」と訊いた。

しかし、いくら待っても返事はない。

そして、しばらくすると、またドアをノックする音。それが朝まで続いた。


まんじりともせず、時計は朝の五時を過ぎた。

陽も出ていたので、もう大丈夫だろうと、女子はみんなで風呂に入りに行くことに。

それでもまだ怖かったので、そっと部屋のドアを開ける。外の廊下に出ても、もう異様な雰囲気は感じられなかった。

（ああ、よかった……）

私は疲労困憊のまま、ボーっとした頭でいちばん前を歩いた。

後ろからは、みんなのしゃべり声が聴こえる。大浴場はロビーを通った先にある。安心して、別館から本館への入り組んだ廊下を歩き、階段を上がり下りした。

そして、ロビーへ下りる問題の階段へ来た時、突然、パシッ！　パシッ！

カメラのフラッシュを焚いたようなラップ現象が起きた。

（えっ！　もう朝なのに、なんで……？）

少なからず狼狽して、その場に固まってしまったのだが、その時ふと気がついた。

後ろで聴こえていたみんなの声が、しない……。

知らない間に、みんなから離れてどんどん先を歩いてしまったようだ。その時、背筋がゾワッとする気がした。

怖かったけど、そぉーっと後ろを振り向く。

すると、そこには真っ白で華奢な女の足が見えた。足音を忍ばせて、私をこっそりつけてきたかのように歩いて来ていた。

驚きのあまり私は目を見開き、立ち尽くしてしまった。

すると、まるで（あ、見つかっちゃった！）という感じで、女の足もぴたっと止まり、下からすぅーっと消えていった。

「キャァァァァァ！」

私の悲鳴に何事かと、遅れて歩いてきた女子たちが階段を下りてきた。

今見たことを話しても、朝になっていたのでみんなは半信半疑だった。

それからは何も起こらず、無事にチェックアウトしてバスに乗り込んだ。

帰りのバスの中で、まいちゃんにその話をした。まいちゃんなら信じてくれると思ったからだ。

驚いた。朝になって、まいちゃんも女の足を見たという。

詳しく聞くと私が見たのと同じ、白くて華奢な足だったそうだ。

「どこで見たの？」

問いの答えは予想どおりだった。

やはり、私が見た、あのロビーへと下りる問題の階段だった。

投稿者　Y・N（女性・兵庫県）

終電の駅

仕事の都合で、神奈川県の川崎駅周辺に住んでいた。

その頃、駅であり得ない体験をしてしまった。

住んでいたアパートは、川崎駅から十分ほどのところ。仕事先は蒲田だったので、通勤は京浜東北線を使っていた。

当時、仕事が大変忙しく、毎日終電で帰宅し始発で出勤というブラックな時期が続いていた。あれを見たのも、終電間際の電車だったと思う。

蒲田の駅に電車が着き、ドアが開くとサラリーマンの群れと共に、小学二年生ぐらいの紺色の学習かばんを持った女の子が降りてきた。

(え、こんな時間なのに?)

時間は日付も変わる十二時ちょっと前だった。

しかし、受験戦争の激しい折、塾帰りということもあるかも知れないと思い、そのまま自分は電車に乗り込んだ。

改札に向かってゆっくり歩くその少女を、車内からぼんやり眺めていた。女の子はやがてサラリーマンたちの背に紛れて見えなくなった。

その時、ふと違和感を覚えた。

季節は十一月で、かなり肌寒くなってきた頃である。にもかかわらず、女の子は夏のような薄手のブラウスとスカートを身に着けていたのだ。

(子供は元気なんだなぁ……)

まだその時はその程度にしか思わなかった。

いや、もしかするとけっこう古臭い服装だから、親の生活が苦しくて着る服がないのかも知れないと、勝手な想像を膨らませていた。

電車は多摩川の鉄橋を超え、川崎駅に着いた。

降りるためにドアの前に立ち、電車が滑り込んでいくホームをぼんやりと眺めていた。

電車が減速し、停まるほどになると、この時間でもまだホームにいる乗客の群れが動き出す。


停車位置に並ぶ乗客たちに混ざって、一人の女の子がいた。

（ん……？）

既視感に首を傾げた瞬間、ドアが開いた。

どっと降りる人々に押されて、自分は人混みの波に飲まれた。改札へ向かう上り階段に押し流され、女の子の姿はよく見ることはできなかった。

ただ、どうもさっき蒲田で見た子とよく似ているような気がした。

しかし、川崎にも塾はあるし、偶然同じような背丈の女の子だったのかも、と思うことにして帰宅したのだが……。

さて。その翌日。

相変わらず自分は、同じ時間の電車で帰宅することになった。昨夜のことは気にもしていなかったが、蒲田に着いた電車から昨夜と同じ女の子が降りてきたのだ。

えっと思ったが、まだ（今日も塾かな？）ぐらいにしか思っていなかった。それほど女の子の姿はリアルだった。

ところが、これは絶対にヘンだぞと確信したことが、次の川崎の駅で起きた。

あの女の子が、また電車待ちでホームにいる……。

まるっきり同じ寒そうな服装で、紺色の学習かばん。

そんなことが三日続いた。

つまり、同じ女の子が京浜東北線の蒲田駅で降り、次の川崎駅のホームに立っているのだ。瞬間移動でもしなければ、そんなことができる訳がない。

特にそれ以上何もなく、危害を加えられたり、憑かれるということもなかった。

この不思議は日曜を過ぎ、週が替わると無くなってしまった。

投稿者　はるぴおん（男性・福井県）

手術

弟が職場で事故に遭った。

腕に大怪我をし、東京杉並区のＳ病院に入院した。

弟の彼女からの知らせを受け、私は急遽上京した。

腕の神経一本一本を繋ぐという、大変な手術について担当医から説明を受けた。

弟を手術室へと見送り、待合室で弟の彼女と二人きりになった。『手術中』という赤い文字が点灯する標示板を不安な気持ちで見つめ、話すこともなくひたすら消灯するのを待ち続けた。

このＳ病院は中規模の病院である。

他に手術とか診察はないのだろうか、遠くの方で人の気配や物音がかすかに感じられるものの院内はシーンとしている。

弟の彼女とは何回も会っているが、どちらも言葉が出ないまま。

『手術』という言葉の重みがズシンと胸に沈んでいる。それが寡黙と悪い方の想像をかき立てているように思えた。

じりじりとしたまま、二時間を越えた。

「大丈夫でしょうか？」

「ああ、きっと、大丈夫だよ……」

何の慰めにもならない同じ言葉のやりとりを何回となく重ねる。


そんな時、〝それ〟は唐突にやってきた。


「お兄さん……あの人、見えます？」

彼女が突然奇妙なことを訊く。

静かな待合室で、ゴクンと飲み込んだ唾液の音さえ耳に近かった。

「え、あの人って……？」

二人がいる待合室は、見回すほどの広さもない。

ガラス張りの待合室の外は廊下になっているが、そこにも誰もいない。

「あの人って、誰？　どこにいるの？」

「もう……あたしの……隣に……い・ま・す」

私は過去に何回かの霊体験らしきものをしているが、彼女にはその手の話をしたことがない。だから、そんな奇異なことを訊いてくるはずはないのだ。

「どんな人なの？」

「おばあさんです」

ここでそれ以上の会話は中断させられてしまった。

点灯が消え、手術が終わったのだ。執刀医は手術の成功を告げた。


病室に戻った弟はかなり疲弊していた。

長時間の手術に耐えていたのだ。無理もないだろう。

彼女は病室の弟に、甲斐甲斐しく付き添っていた。

私は別室で、担当医から手術内容やこれからの事について説明を受けていた。

その時だった。突然、キャーッ！　という甲高い悲鳴とともに、彼女が病室から走り出てきた。

「さっきのおばあさんが……おばあさんが、彼の隣に寝ているんです！」

呂律も回らないほどうろたえて、おばあさんが添い寝していると告げる。

すぐさま二人で病室に駆けつけたが、私には何も見えなかった。

弟はといえば、さっきまで付き添ってくれていた彼女が、悲鳴を上げて病室を逃げ出して行ったので、何が起きたのかさえわからずポカンとしている。

「隣に寝ていると言われてもなぁ。見えないし、どうしようもないなぁ」

すると、しばらくして彼女が安心したように言った。

「ああ、今、窓から出ていきました」


その後、見てしまった彼女は、事実を確かめるように私に訊いてきた。

「こんな感じのおばあさんですが、ご親戚に心当たりはありませんか？」

しつこいぐらい同じことを訊かれたが、さっぱり心当たりはなかった。

知らないと答えると、彼女は怪訝な表情のまま口をつぐんだ
ただ、ヘンだなと思えることがひとつ。

弟は部分麻酔による手術のため、意識ははっきりしていた。ベッドに寝かされたまま、戻ってきたのだが、えらく片寄った寝方をしていた。

誰かもう一人のためにスペースを空けていたのか、と思えるほど、端に片寄った寝方をしていたのだ。

さて、話はここまでである。

聞き手だった私は、この彼女は何か話していないことがあるのでは？　と感じた。

というのも、病院で霊体験をしたのなら、まずそこで亡くなった患者を連想するのが普通ではないのか。

しかし、彼女は初めから私たちの親戚だと確信して問い詰めてきた。

彼女にそう確信させた理由は何なのか。彼女にしか見えなかったおばあさんから、何か伝えられたのかも知れないと想像できた。何にせよ、不思議な話ではある。

投稿者　森鴎（男性・静岡県）

遭遇

ある晩秋の頃、京都の淀競馬場からの帰り道のこと。

のんびりと自転車で、桂川の土手から西空を眺めて走っていた時にそれに遭遇した。


サントリーの工場がある山崎辺りに浮かんだ雲が、見ている間に変化したのだ。

それは巨大なパチンコ玉を水平に切った上の部分のような形状。初めのうちは遠方でもあるし、まるでＵＦＯのようなヘンな形だなぁ、ぐらいにしか思っていなかった。

珍しいので、携帯カメラに撮っておこうと構えたが、その時には姿を見失っていた。

雲ならば風で飛散したのかも知れないし、山の向かうに流れたのかも知れない。撮影はあきらめ、今度は東に向かって御幸橋を渡った。

木津川沿いも快適な自転車道が続いている。

（あれは、どこへ行ったのかなぁ……）

そんなことをぼんやり考えながら走っていると、なんとなく背後が気になった。

首を回して後ろの空を見上げた途端、自転車がこけるほど驚いた。

なんと、それがＵＦＯの形状のまま、ぽっかりと頭上に浮かんでいたのだ。

まさか追ってきたのでは？　という想像で一気に心拍数がはね上がった。

よくテレビ番組やオカルト本にあるような、拉致される恐怖さえ感じた。

自転車をこぐスピードを上げ、周囲に人がいないか探す。ところがそんな時に限って、散歩の人もランニングする人もいない。

かなり走ってから、やっとＭＴＢでゆっくり走っている男を見つけた。

これ幸いと、見ず知らずのその人に話しかける。

「あの、すいませんが、ちょっと止まってあれを見てくれませんか？」

唐突に話しかけられた男は怪訝そうな顔つきだったが、顔を指差す方に向けた。

ＵＦＯらしきものは、赤く塗られた高圧鉄塔の横にポカリと浮いていた。

「変な話ですけど、僕にはあれがＵＦＯに見えるんですが、何に見えます？」

男はしばらく見ていたが、ぼそっと口を開いた。

「飛行機でしょう」

「そうですか、錯覚でよかったです。ありがとうございます！」

少し安心して、その男を置いてまた走り出した。

距離を開けてから振り返ってみると、百メートルほど離れたさっきの場所で、まだその男はじっとあれを見上げている様子だった。

その途端だった。男は急に慌てふためいた様子で、こっちに向かって猛烈に自転車をこいでダッシュしてきたのだ。

男は真実に気づいたような狼狽ぶりで、血相を変えている。

その姿を確認して、私も必死にペダルをこいで後ろも振り返らず飛ばして逃げた。

投稿者　ｍｏｙａ（男性・大阪府）

はじまり

我が家は東京豊島区にあり、親子でごく普通の暮らしをしていた。

ところがある日、唐突に奇妙なことが日常の中で起きはじめた。

はじまりは、私が居間のソファーで好きな怪談本を読みふけっていた時だった。

ごろっと横になり、文章を追っていると、視界の右端が黒い影をとらえたような気がした。

一瞬、チラッと暗くなる。

ご飯を食べている息子が何かやらかしているのかと思い、そちらを見ると食べることに集中している。

息子は小学校二年生。悪戯をして成功でもしようものなら、黙っていられない性分なので、知らん振りを決め込むことなどできないはず。

気のせいかと思い、また本に集中しはじめるとチラッと影を感じる。

すぐにそっちへ視線を遣っても何もない。手元に視線を戻すと、また黒い影……。そんな不可解な体験は半年以上も続いた。ただ、それ以上何か奇妙なことに発展するという訳ではなかったので、放っておいたのだが。

ある晩のことだった。

テレビを見ようと、居間のソファーに座った。座った位置から見て右側は和室の襖があり、襖の半分を塞ぐように飾り棚が置かれている。

ずっと惰性でテレビを見続けていたのだが、深夜二時を回ろうとする頃、なぜか妙に落ち着かず、イラつくようになった。

テレビを見ながらその訳を探っていると、視界の右端でモワモワと何かが動いていることに気づいた。よく目の端でとらえていたあの影か、と思った。ただ今回は、その影の動きが大きくなっていた。

(これは、見ちゃいけないかも!)

直感的にそう思い、目も顔も動かすことなく、視界の右端で動いているモノに意識を集中した。

集中して見えたものは、やはり影……。

その影が、大胆に襖の前で踊るように動き回っている。

そのうち飾り棚と襖の僅かな隙間に入り、消えたかと思うと、バ～と手を広げるような感じで現れ、ふざけているようにさえ見えた。

しばらく、そんな幼児の戯れのような異変が続いていたが、私の意識は（見ちゃいけない）から、（絶対、相手にするもんか！）に変わっていた。

危害を加えられそうな雰囲気はなかったが、もちろん気味の悪さは際立っていた。

それでも意地になり、完全に無視してテレビに視線を釘付けにしていると、飽きたのかいつの間にか影は消えていた。

内心（勝った！）と思った。

改めて落ち着いた気分でテレビを見ていると、画面はCMに切り替わった。

女性タレントが映り、CMソングを歌っている。何の変哲もないCMだが、その歌声にハモらせるかのような歌声が被さってきた。

（何だよ、このCM。ハモり合ってないし、めちゃくちゃ下手じゃん）

深夜枠の低予算CMだとしてもひどすぎる。

音程どころか、歌詞までまるで合っていない。どんな歌詞なんだと音を拾おうとした。

ハモろうとする声の主は女だった。というか、かなり皺枯れた耳障りの悪い低音。

おぞましくさえ感じる声だと認識した途端、心臓が早鐘のように打った。

これはCMの演出などではないことが理解できたからだ。

誰か、何かが、どこかで皺枯れた声を上げている。

ザラついた声で歌っていると思った文言を、ちゃんと聞き取れなかったのは、幸いだったのかも知れない。もし、自分に向けて何かを言っているのだとしたら怖ろしすぎる。

CMが終わり番組に戻ったが、今の出来事の説明はつかなかった。


そして翌日の深夜、もっと怖いものを見てしまう。

昨夜のことも忘れ、テレビを消したままソファーでうたた寝をしてしまった。

ソファーはテレビに向かって平行に置かれ、私は体の左側を下にして寝ていた。

浅い眠りからハッと覚め、座る体勢に体を起こそうとした。ソファーに肘をつき、のっそり起き上がりながら壁の時計で時間を確かめようと思った。

半分寝惚けた目で、床からテレビ、テレビから時計へと視線を移動させていく。

その時だった。

一気に覚醒するようなものを見てしまったのだ。

テレビから時計へと視線が移っていくその時、消えているはずのテレビ画面に、女の顔が流れて消えていった。

しかも、薄ら笑いを浮かべて、画面から消えていった……。

時計を確認するという一連の動作はそのまま続き、再びテレビに視線を戻した時には、真っ黒な画面だけがそこにあった。

時計は午前三時を指していた。

ちらっと感じていた影がついに正体を現した、ということなのか。

これからも続いて何か起こるのか、これで終わりなのかはわからない。

投稿者 forest・hermit（男性・東京都）

第一発見者

新入社員の加藤君（仮名）は、昔からいろいろ怖い思いをしてきたようだ。

「霊感なんてないし、まったく感じないよ」

自分ではそう言い張ってはいるが、何かを引き寄せる体質なのだろう、時々地雷を踏むように不思議な体験をしてきたという。


彼が高校一年の時、入学した折にはテニス部に入りたかったらしい。

しかし、知り合いだった先輩に、無理やり真逆の社会歴史クラブにしつこく勧誘され、どうしても断り切れず入部させられてしまった。

六月のある日曜日、研究のために部員全員で山城跡の見学に行くことになった。

話によると、石垣の一部と土台跡の穴が残っているだけのものらしい。貴重な休みなのに、なんで山登りなんだよと不貞腐れて参加した。

一方、先輩は同じ部員の彼女とほぼデート気分。他の部員もピクニック気分で浮かれていて、ますます加藤君の怒りは込み上げていた。

のろのろ歩く他の部員を追い抜き、一人すたすたと頂上の山城跡を目指す。

(早く見て、とっとと帰ろう)

つまらなさ全開で先を急いでいると、山道の前方から誰かが下りてくる。

若い男性で、青ざめた表情をしていた。

「人が死んでる、人が死んでる……」

そんな尋常ではないことを呟きながら、こちらも見ずに山道を下って行った。


他のメンバーはずっと下の方だし、一人では少し心細いとは思ったが、その男の言葉が気になり確かめずにはいられなかった。

加藤君は小走りで山頂付近まで駆け上がった。その辺りをドキドキしながら見渡してみる。すると、二十メートルほど奥の鬱蒼とした木々の中に、こちらに背を向けて人がぶら下がっているのが見えた。

「うわっ、首吊りだ!」

発見した途端、一気に恐怖がこみ上げてきた。

加藤君はクルッと踵を返し、山道を全力で駆け下りた。

山道の下の方から、先輩たちがガヤガヤと笑いながらのんびりと上がってくる。

「人が死んでる、人が死んでる……！」

あの若い男と同じ言葉を加藤君も呟いていた。

「はぁ、何言ってんの、馬鹿じゃないの？」

冗談だと思って、先生や先輩は相手にしなかった。

しかし、加藤君の引き攣った表情を見て、やっとただ事じゃないと思ったのか、全員走って山道を上っていった。

加藤君にはもう一度上に行く勇気などなく、その場にへたり込んでしまった。

五分ほどすると、先生が血相を変えて駆け下りてきた。

「警察に連絡してくる！」

まだ携帯もない時代、そう言って先生はあたふたと下山していった。

しばらくすると、先輩や他の部員たちが興奮を抑えきれない様子で下りてきた。

「男だったぞ！」

「顔が真っ黒だった！」

「首が変に伸びてた！」

入れ替わり立ち替わり、聞きたくもない報告をわざわざしてくる。

やがて警官が到着し、大騒ぎになった。

加藤君は第一発見者として事情を聞かれた。

「いえ、僕と違いますよ。僕より先に、若い男の人が死体があると言いながら下りてきました。後から上って来た連中も見たはずですけど……」

人が死んでいる、と呟きながら下りてきた男のことを報告した。

しかし、ここで奇妙な食い違いが生じた。

加藤君以外、先生や先輩はおろか部員の誰もがそんな男は見なかったというのだ。

「いえ、加藤以外誰一人として下りて来なかったです」

先生は警官にきっぱりと言った。

加藤君は絶対そんなはずはないと言い張ったが、みんなは否定した。

山道は一本で脇道などないので、必ずその男に出会っているはずだった。

押し問答をしている時、ふと加藤君はある違和感があったことを思い出した。

その若い男は首吊り死体を発見したのに、驚いたり、慌てた様子もなく、ごく普通に散歩でもするかのように歩いて下りてきたのだ。

警官はどんな男だったかを訊いてきた。

「若い男でした。紺色の背広姿で、確か茶色と黒の大きなショルダーバッグを抱えていたと思います」

「君、遺体を見たの？」

警官はメモを取りながらさらに詳しく訊く。

「いえ、怖くて遠くから見てただけで、すぐに逃げました」

「そうか。若いかどうかはまだわからないが、服装や遺留品も含め、遺体の男性とよく似てるんだよなぁ」

何よりも、警官のその一言にゾッとした。

考えてみれば、加藤君がすれ違った男は奇妙だった。

頂上に行っても山城跡以外何もない山道を、なぜ背広姿の男が下って来たのかは、確かに不可解だった。

警官はニヤッとしながら、怖ろしいことを言った。


「キミ、幽霊でも見たんじゃないの？」


遺体の姿かたちと加藤君が出会った男とは、細部までほとんど一致している。

偶然の一致というより、死んだ男自身であるという方が納得がいきそうだった。

視

その夜、昼間の騒ぎのこともあって、いつもより寝つきが悪かった。

台所へ行き水を飲み、トイレに行った。

壁にあるトイレの電気のスイッチを入れ、ドアノブに手をかけて扉を見た。

扉には縦長の曇りガラスが嵌まっている。その曇りガラスに、トイレ電灯に照らされて何かが映っていた。

ゆらゆら揺れる、ぶら下がった足のような黒い影……。

一瞬躊躇したが、目を固くつむり一気にドアを開けた。

怖々目を開けたが、そこには何も変わったものはなかった。

投稿者　ワカメ（男性・長野県）

幻の四階

勤務先の同僚の女性が前の会社にいた頃、奇妙な体験をしたという。

彼女には、もともと霊感のようなものはなかったとのこと。

ところが彼女の前の会社というのが、大きな墓地を崩して建てられたらしく、勤務するうちにだんだんと霊が見える体質になってしまったというのだ。


そんな彼女とは東日本震災の日に知り合った。

都内の交通機関がストップし、社員の多くは帰るに帰れなくなってしまった。

仕方なく会社に寝泊まりすることになり、みんなで酒や食べ物を持ち寄り、合宿のように社内のフロアで過ごしていた。

いろいろ話して親しくなるうちに、深夜になるとお定まりの心霊話になった。

「あの人の頭の上に、おばあちゃんが浮かんでるよ」とか、

「あの人には、あまり良くない人が憑いているみたい」など、

彼女は興味深いことをこっそり教えてくれたりした。

そんな彼女が実感を込めて呟いたのは、

「怨霊の払い方は知っているけど、生霊こそが最も怖ろしい存在なのよ」

ということ。

断定できるのは、そういう体験があるということだ。

興味を持ったので、機会がある度に霊のことをいろいろと聞くようになった。


その中でも、いちばんリアリティのある恐怖談は、彼女のマンションの話だった。

彼女は五階建てのマンションの最上階に住んでいた。

いつも五階からエレベーターを使って一階に下りる。エレベーターの扉にはスリット状の透明ガラスが嵌まっている。

一階へ下りる時は、各フロアの様子がそのガラス窓を通して見える。

彼女が言うには、四階から三階に下りる途中に、もう一つフロアを通過するようになったというのだ。

エレベーターの窓に、現実には無い幻の〝四階〟を通過していく光景が映る。

しかし、当然エレベーターは、幻の四階に停まることはない。

到底信じられないような話だが、彼女は毎日もう一つの四階を眺めながらエレベーターに乗り続けているのだ。

それだけではない。幻の四階を通過する時、扉の前にはいつも男が立っているらしい。男はひと昔前のGジャンを来て、頭を力なくダラ〜ンと下げ、まるでリングの貞子のような姿勢で、扉からちょっと離れたところに脱力して立っているという。

彼女はその男と関わり合いになるのが怖くて、幻の四階を通過する時は正面を見ないように努めていたが、視界の端にはいつもそのGジャンの男が映っていたとのことだ。

彼女はうちの会社に転職したばかりで、引っ越す資金もなく、仕方なく毎日我慢するしかなかった。


ところがある日、彼女は最も怖れていたことに気づいてしまう。

その男はエレベーターに少しずつ近づいてきている。

しかも、ダラ〜ンと下げていた頭を、毎日見るたびに少しずつ上に起こしてきているようなのだ。

「それってヤバイよ。君の存在に気づいて、寄って来てるんじゃないの？　そのうちエレベーターの扉を開けて入ってくるかも知れないよ」

思ったことを彼女に忠告した。

「やっぱりそう思う？　そうよねぇ……」

どこかあきらめたような感じで、彼女は言葉を呑み込んだ。

その後も彼女が気がかりだったが、彼女の方はむしろ慣れてしまったような感すらあった。どうなった？　と水を向けても、

「ああ、あの人ね……」

そう答えるだけで、あえて気にしていないように見えた。

引っ越しも叶わないし、逃げるに逃げられない状態だったのかも知れない。

（霊感のある人は違うんだなぁ……）

ちょっと感心していたのだが、とうとうその日は来た。

彼女はついにGジャンの男と顔を合わせてしまったというのだ。

それは生気もなく、成仏の当てもなく、ずっと誰かを待ち続けているような陰気な顔だったらしい。

彼女には絶体絶命のピンチだった。

その男が明日にでもエレベーターに乗り込んで来るのか、彼女に取り憑くのか、もう時

間の問題と思われた。

彼女も、もうその話はしたくないらしく、口を閉ざすようになっていたのだが……。

だが急転直下、彼女は明るく報告してくれた。

「神社に行ったの。霊が見えない体質にしてもらったのよ。だから何も見えないし、もうあのマンションも引っ越したし」

とりあえず、彼女の身が安全になってほっとした。

投稿者　念仏の鉄（男性・東京都）

海のもの山のもの

これはおぞましいだけではなく、じつは罪深ささえも感じる祟り話である。

幽霊やオカルトはまったく信じない父と祖母が、この話を私たち次の世代に伝えるべきか否かを、大真面目に議論していたのを盗み聞きしてしまい、しばらく経ってから、その一部が長男である私だけに伝えられたものだ。


私の田舎では、我々一族は〝呪われた土地のもの〟として、終戦の頃まで忌み嫌われていたそうだ。

村内では嫁の来てもなく、ずっと遠くの村から、こっそり後家さんなどをもらっていたという。うちの祖母もその一人である。

信じ難い話だが、かつてこの土地では昼間でも死人が歩き回り、人魂が飛んでいたと言われる。それらは『うみんと（海のもの）』『やまんと（山のもの）』と呼ばれていた。

恨みを募らせた、凄まじい怨霊が出ると怖れられていたのだ。

さて、事の始まりは二百年もの昔に遡る。

漁業が盛んなこの辺りは漁獲量も多く、遠方からやって来る漁船も多かった。

ある時、これらの出稼ぎ漁船を奇妙な病気が襲う。

生きたまま体が腐りはじめ、あまりの痒みに体を掻き毟りながら、ついには死んでいくという恐ろしい伝染病だった。

体を掻き毟らないように縛りつけても、耐え難い痒みに激しく頭を振り、歯が折れるほど歯がみして、なおかつ全身から血を流して半日も保たずに死んでしまったというのだ。

伝染するのが怖いので、出稼ぎ漁船の連中は死体を村の海岸に埋めていた。

初めこそ死者に同情的だった村人も、一向に減らない膨大な死者の群れに恐怖を抱きはじめる。

村に最初の患者が出るのは時間の問題だった。

それが怖ろしい伝染病だと気づいた時、村人は出稼ぎ漁船を激しく憎んだ。そして、ついには戦になってしまう。

浜から投石と弓矢で攻撃し、海の屍を食べた魚が汚染されないよう船ごと焼き尽くした。

当時は海難事故も無数にあったため、出稼ぎ船を出した浦でも、まさか戦になっているとは思わず、事実に気づくまで相当な時間がかかった。

そして、やっと気づいた頃には、漁に出た男たちのほとんどは死んでいたという。

だが、悲劇はこれで終わりではなかった。

復讐を恐れた村人たちは、男も女も戦える者は総動員で、出稼ぎ漁船の村を襲った。

総動員した訳は、口止めの意味もあったといわれている。


村人は深夜になってから出稼ぎ漁船の村に上陸し、まず逃げ道と船を押さえる。

その後、一軒一軒虱潰しに殺していった。虐殺が終わると、海賊の仕業に見せるべく、女の死体は持ち去り、すべての財産を略奪したというのだ。

この時の頭領（農村の名主のようなもの）が、郷士と呼ばれる下級武士であった私の先祖だった。

それ以来、戦のあった漁場には人魂が飛び回り、一人で漁に出た者が頻繁に遭難するようになった。そして、運良く生きて帰った者が奇妙なことを証言する。

「海の中から、白く光る手に引き摺り込まれそうになった」と。

実際、船縁にすがりつく光る手の目撃例も増えてきた。

村人は怖れ、もう一人で漁に出ることを止めてしまった。この光る手が『海のもの』と称される者である。

うちの父は心霊など信じない豪胆な性格で、幽霊などいる訳がないと言って、酔っては墓場で寝たりもした人だったが、この『海のもの』の話だけは信じ、先祖の報いをひどく怯えた様子で受け止めていた。

実際、当時死体を埋めたとされる場所では、五十センチほど掘ると今も多くの人骨が出てくる。

さて、我々一族が呪われた土地のものと呼ばれる原因となったのは、『海のもの』とは別に伝わる『やまんと（山のもの）』の封印された歴史に起因する。

『うみんと（海のもの）』の怪異事件からしばらく経った頃、下級武士だった私の先祖が、突然乱心する。

何かに取り憑かれたように雄叫びを上げ、一族郎党、果ては止めに入った近在の者たち数十人を刀や大鉈で叩き殺したのだ。

先祖は手当たり次第に殺戮した後、自らも切腹する。

この凄惨な事件の時、城に上がっていた長男を除き、本家は全員が死亡した。

普通なら、ここでお家断絶となるはずだったが、もともとが隠れキリシタンの村だったことや、『うみんと（海のもの）』の事件のこともあったせいか、この事件は無かったこととされもみ消されてしまう。

しかしその後、先祖の館の周囲に、誰の仕業か獣の惨死体が転がるようになった。それと呼応するように、異様な目撃例が報告されるようになる。乱心の後、埋葬されたはずの先祖の死体が、ゆらりゆらりと歩いているのを見たという村人が相次いだのだ。腐乱した姿で、腹からはみ出た腸を引き摺りながらゆっくりと歩き回り、自らの死肉に群がろうとする獣を鉈で叩き殺しているというのだ。


真っ昼間から館の近辺を歩き回り、自らの体を獣に喰われながらも殺生をする死体。


そして、日が暮れ夜になると、海面には人魂が……。

村人は『うみんと（海のもの）』の怨霊が、ついに陸へ上がったのではないかと思った。そして、いつか村人にも襲いかかってくるに違いないと確信した。

こうして何かに憑かれ、乱心して死んだ先祖は『やまんと（山のもの）』と呼ばれるようになり、心底村人に怖れられた。

村は鎮魂のための生贄というか、一連の事件を終わらせる清算を必要としていた。

そのために強硬な手段に打って出る。この事件を起こした頭領の最後の嫡流である、生き残りの長男を磔にしたのだ。木に縛りつけ、海に立てたのである。満潮とともに長男の体は波間に消えた。やがて潮が引くと、姿は跡形もなく消えていたそうだ。

その後、分家から戻った先祖の弟にあたる人物が跡を継いだ。

村人は惨殺事件を怨みつつも、長男を生贄にしたことを後ろめたく思ったのだろう、分家から来たこの跡取りを、嫌いつつも頭領として迎えたそうだ。

これで『やまんと（山のもの）』は消滅したが、『うみんと（海のもの）』は、未だに夜の海を漂っている。

この辺りの海では、五年に一度は漁から戻らない漁師が出る。死体も上がらず、空船だけが漂流しているのだ。

祟りが未だに続いている証左なのか、単なる偶然の積み重ねなのかは不明である。

投稿者　S・Y（男性・北海道）

聴

ごく日常的な音が、パニックを誘うほど豹変する。
何も起こり得るはずなき時間と空間から湧き上がる異音。
澱んだ冷気が針となり、鼓膜の底に突き刺さる。

お泊まり会

高校生の頃、同じクラスで仲の良かった女子六人でお泊まり会をした。

その中には、霊感が強いマキちゃん（仮名）という子もいた。そして、私にも少しだけ霊感らしきものがあった。あの出来事は、そんな中で起こった。


泊まりに行ったのは洋子（仮名）の家。

お泊まり会は、普段使っていないという離れの広い座敷。部屋の三方が障子になっていて、障子の下には透明ガラスが嵌まり、廊下がよく見えていた。

女子が六人も集まると話は尽きない。夜が更けても、みんなで賑やかにしゃべり続けていた。その時だった。

「洋子ぉぉぉぉ〜」

どこからか、男の声がした。

しかし、洋子は聞こえなかったのか動こうとしない。

「洋子、お父さんが呼んでるで！」

「えっ、ほんま？　聞こえへんかったわ」

洋子は席を立って、急いで母屋の方に向かった。

しばらくすると、洋子がへんな顔をして戻って来る。誰も呼んでないとのことだった。

「あれ？　私の空耳やったんかなぁ……ごめん」

再び、何事もなかったのように、おしゃべりが始まる。

今度はマキちゃんだった。

「あ、洋子、また誰か呼んでるよ」

「ほんまに？　私、聞こえへんかったけどなぁ……」

疑い深くそう言いながら、また母屋に向かった。

またまた誰も呼んでいないとのこと。怪訝な顔つきで、みんなの元へ戻ってくる。

私もマキちゃんも、遠くから洋子を呼ぶ声を確かに耳にしている。そのことを疑っている洋子に伝え、納得させようとした。

「あたしには聞こえへんかったし、誰も呼んでない言うてるのよ！　もう、やめてよ～」

私たちが言えば言うほど洋子は怖がってしまい、とうとう布団を頭から被り寝る体勢に入ってしまった。

気分をそがれたような感じになったが、仕方なく残った五人でしゃべっていた。

すると何の前触れもなく、それは起こった。


パチッ、パチッ！　パチッパチッ！

フラッシュを焚いたような、激しいラップ現象が起きたのだ。


閃光はバチバチ、バチバチッ！　と稲妻のように炸裂した。

私とマキちゃんは手を取りあって目をそむけた。ところが、他の子はそんな私たちの姿を不思議そうに見ている。どうやら、それが見えているのは私とマキちゃんだけらしかった。そういえば洋子を呼ぶ声も、聞こえたのは私たち二人だけ……。

そのことを他の子に言うと怖がるので、黙っておくことにした。

しばらく様子を見ていても、ラップ現象は治まる気配がなかった。どうしょうかと思っていると、マキちゃんが私に小声で告げた。

「さっきからね、お経が聴こえるのよ……」

「……えっ？　マジで？」

マキちゃんは視線で示し、床の間の辺りから聴こえてくるという。

「うわぁ、それやばいよ。音楽でもかけて気を紛らわそうよ」

二人でこっそり決めて、ラジカセにカセットを入れた。

ところが音楽が鳴り出したかと思うと、すぐにスゥーッと音が消えていく。

故障かと思った。だが、再生ボタンは押された状態のまま。

急にカセットをかけ始めた私たちの様子を見て、他の子たちも何かヘンだなと思いはじめたようだった。ずっとカセットの異常を注視している。

カセットを取り出してみても、テープが絡んだり、緩くなっていることもない。

再生し直しても、スゥーッと音楽がフェードアウトして鳴らなくなる。

「…………？」

その場の全員がカセットに釘付けになっていた。

何度やり直しても、五秒と鳴らなかった。

「マジ……？　これ、ほんまにやばいんとちゃう？」

私は誰に言うともなく呟いた。

奇妙なことが起きているらしいことは、みんな察しはじめていた。

みんな無口になり、どうしたらいいのか途方に暮れ、不安げに部屋のあちこちに視線をさ迷わせるだけだった。

みんなの青ざめた顔をひと通り見回してから、ふと私はマキちゃんを見た。

真っ白な影のようなものが、マキちゃんを包んでいる。

これが本当の白というくらい、美しい白色だった。邪悪なオーラは一切なかった。後でマキちゃんに訊いたところ、守護霊が守ってくれていたらしい。


二人だけにしか感じられないが、ラップ現象はますます酷くなる一方だった。

だが、この部屋から逃げ出すこともできなかった。

時間を見れば、すでに夜中の二時。とても寝る雰囲気ではないし、これから何が起きるかもわからなかった。漫画でも読んでみんなで起きていようということになった。

心持ちみんなは真ん中に集まり、恐る恐る部屋の隅々を見渡した。大勢でいるのに、やたら部屋が寒々と広いような気がした。

廊下とつながる障子は全部きっちり閉まっている。閉まっている限り大丈夫なような気がした。

遅々と時は進まなかったが、やっと夜中の三時になった。

私は漫画から目を上げ、洋子が隅で寝ている布団の方に視線を向けた。

すると……。

きっちり閉まっていたはずの障子が、わずかに開いていたのだ！

間違いなく閉まっていたことは、さっきみんなで確認した。私が障子を凝視していると、それに誰かが気づいた。

「キャー！」

「来ないで！　お願いやから来ないで……」

掠れるような悲鳴を上げたり、震える声で抱き合う者もいた。

もちろん、障子を閉めに行く勇気など誰にもない。

震えながら下を向いたまま、時間が早く過ぎるのをひたすら願った。遅々として時間は進まなかったが、やっと障子を通して外が白んできたのがわかった。

待ちに待った朝の燭光がすぐそこまで来ていた。時間的に、もう大丈夫かなと思った。

顔はそのままで、視線だけを動かして、もう一度何も知らずに眠っている洋子の布団の向こうを見た。

ゾッとした。……さっきよりも、もっと障子が開いていたのだ！

朝の陽はさらに強くなり、もう離れでは怖ろしいことは収束したようだった。

何も知らずぐっすり眠っていた洋子が、大きな欠伸をして起きてくる。

まだ寝惚けている洋子をつかまえて、みんなで矢継ぎ早に異変を報告した。

しかし案の定、洋子はみんなで自分を怖がらせようとしてるだけだと、笑って頭から信じてはくれなかった。

そんな出来事があって、何日か経った。

洋子が学校に来るなり、みんなに声を震わせて話しはじめた。

「昨日、またあの部屋で寝て金縛りに遭ったのよ。そしたらね、あの日、みんなが言ってたでしょ？　障子が開いてたって。そうなのよ、勝手に障子が開いてたんだよ！」

それで洋子は、両親にお泊まり会でのみんなの話と自身の体験の一部始終を話し、あの離れには何かあるのかを訊いてみた。

すると、しばらく口ごもっていた両親は、とんでもない事実を話したのだ。

「……じつはな、ずいぶん昔、あの離れで、親戚の叔父が自殺したんだよ」

だから、普段は離れは使っていなかったのだ。

その怖ろしい事実を知った洋子は家出して、しばらく私の家に泊まり込んでいた。

投稿者　友香（女性）

訪問者

中学からは寮に入ることになっていた。

宮城県仙台にある某学校の古い寮に身を寄せることになったのだが、なぜか入寮した初日から背中にゾクッとくるものがあった。

多少、霊感のある自分だったが、これから毎日のように〝異変〟を体験することになろうとは、まったく予想もしていなかった。

寮は規則が厳しく、午後九時になると消灯されてしまう。

しかし、誰しもすぐに寝られる訳もなく、みんなこっそりとラジオの深夜放送を聴くのが日課になっていた。

その夜、けっこう遅くなってしまったので、そろそろ寝ようかと思った。

すると、寮の入り口にある壊れたまま放置されている鉄の門扉が、不気味な音を立てて開く音がした。自分の部屋の外には玄関まで続く石畳がある。その石畳をコツコツと靴音を響かせて歩いて来る者がいる。

自分の部屋は一階で、寮自体は高床式みたいに基礎が高くなっている。ゆえに窓はかなり高い位置についている。

そして、その窓を何者かがノックした。

あり得ない所業に、気味悪さが先立って息を殺して寝た振りをするしかなかった。

ところが、ノックは毎晩続くようになった。ギギギという門扉を開く音と石畳の靴音を伴って、誰かがやって来る。

怖いことは怖いのだが、ほんの少し好奇心もあった。

ある夜、窓をノックする者の正体を見てやろうと思った。窓の下部をノックする何者かの手の甲が見えた。しかし、手の甲から続いているはずの腕が見えない。

しかも手の甲は、この世のものではないほど、白く半透明だった……。

ただ、恐怖はこれが始まりだった。

土曜日の学校の授業は午前中までで、他の寮生は放課後、親が迎えに来て、日曜の夜に帰って来ることが多かった。

自分は県外でもあり、頻繁には帰れなかったので、ぽつんと一人で寮に残っていることが常だった。そんな一人だけの土曜の深夜。いつものようにあの靴音がし、控えめに窓をノックする音がした。

寮に一人きりだから、さすがに怖かったので、徹底して無視していた。

すると、今回はいつもと様子が違った。外の何者かが侵入してきたのだ。鍵の掛かった寮の玄関の引き戸をガラッと開ける音がする。

廊下をゆっくりと、ギシギシと音を立てながら自分の部屋の前に近づいて来る。

やがて、そいつは部屋の前まで来たようだった。

しばしの沈黙。部屋の中に自分がいるのを確信したのか、今度は木製のドアをノックする。自分は呼吸するのも忘れ、ドアを凝視するしかなかった。

やがて、焦らすようにドアノブがギリギリと回り始めた。限界だった。恐怖の限界を超えると、思いがけない言葉が口からほとばしった。

「この部屋には、オレの許可無しでは入れない！　入室を拒否するので帰れ！」

その言葉が功を奏したのか、ドアノブの回転は止まった。

しかし、そいつはまだあきらめていなかった。

次に、ドアをズリズリとよじ登りはじめたのだ。

薄いドアを這い上がる不気味な音が続き、やがて音は時間をかけて天井に回った。

ヘビのように天井を這う厭な音が部屋に降ってくる。天井を破って、何かが侵入してきたらどうしようと固まっていると、窓の外からドサッという音がした。

そして、靴音を響かせ、それは遠ざかって行った。

もちろんドアから天井に上れるところも、天井から窓の外に抜ける通路もあるはずがない。それを目撃した訳ではないので、すべてが謎のままである。


その寮に住んだのは一年間だけで、二年生から別の寮に移った。異変の起きた寮は、取り壊されることになった。

寮の先生からは、ここは終戦直後は死体置き場になっていて、山のように積み上げられた死体の腐敗臭が凄まじかったらしい、という話を聞かされた。

それ以上のことは話せないと口をつぐみ、絶対に教えてはくれなかった。

投稿者　さそり（男性・宮城県）

キャンプサイト

銀行勤めだった私は、土曜からテントを担いで山に出かけることがよくあった。

あれは六月のある土曜日。

友人と二人で近鉄電車に乗り、いつものように山に出かけた。奈良県のＯ山からダム越えというハイキングに近い気楽なコースだった。

夕方、山の中腹にある今夜の宿泊地の寺に着く。寺には広いキャンプサイトがある。少し離れたところには、どこかの大学のワンダーフォーゲル部のテントが幾つも並んでいた。

その夜は、雨がしとしと降るうっとうしい天気だった。

キャンプサイトの周りは鬱蒼たる樹木に覆われ、夜になるとヘッドライト無しでは何も見えないほどだった。友人とテントの中で食事を済ませ、食器を洗うために寺の境内にある手水場に向かった。

事件は……というより、怪異はこの時に起きた。

手水場には高さ二、三メートルほどの瓦屋根がある。私が食器を洗いはじめると、突然その屋根の上から人の声がしたのだ。


「お前は、俺のことを誰から聞いた……？」


訳のわからないことを言う、低い男の声だった。

周りは真っ暗、誰もいるはずがない。しかも、声は屋根の上からだった。屋根に上るには足場がなく、梯子がなければとても上れない。

だから、一瞬錯覚かと思った。返事をせず、食器を早く洗い終えようとしていると、またも声がする。

「お前は、俺に恨みを持ってるだろう。俺のことを誰から聞いた？」

同じ低い男の声が屋根からする。

生まれて初めて、恐怖で膝が笑うという体験をしてしまった。

「あんたのことなど知らん！」

思わず答えてしまい、急いでその場を離れてテントに戻った。

余りにも気持ち悪かったので、すぐ友人にも話した。真っ暗なキャンプサイトでの不可解な出来事ということで、友人もビビッているようだった。

奇妙なことがあるものだと首を傾げていたが、確認しに行くのも怖い。どちらからともなく早く寝ようということになり、シュラフに潜り込んだ。

夜九時にはランプを消したが二人とも寝つけず、ぼそぼそと雑談をしていた。

夜も更けた十一時頃だろうか、突然、テントの周りを何人もが走り回る足音がした。

足音だけではない。声も聴こえる。こんな時間なのに小さな子供の声。それも笑いながら……である。

暗いテントの中で、友人と思わずお互い顔を見合わせた。

こんな夜中に子供がいる訳がないと……。

無性に怖かったが、私は意を決してテントから顔だけ出し、外を懐中電灯で照らしてみた。その瞬間、突然、声も足音も消えた。

辺りには誰もいない。シーンと静まり返ったキャンプ場がそこにあるだけ。

手水場の屋根のこともあり、恐怖に全身が粟立ってしまった。懐中電灯の明かりの中に、引き攣った友人の顔が浮かび上がっていた。

シュラフに潜り込み、登山ナイフを手元に置いた。

ランプを点けて、ラジオをかける。もう眠気など吹き飛んでしまい、薄いテントの生地一枚隔てた外の様子に耳をそばだてるだけだった。

それでもしばらくすると、またもや密やかな笑い声とテントの周りを走り回る足音が二人の耳に届いてきた。もう寝るどころではなかった。ひたすら朝を待ち続けたが、結局、朝まで三回ほど同じ異変が起こった。


夜明けを待って、五十メートルほど離れた大学生のグループのところに、夜中、子供の笑い声や走り回る足音など聞かなかったか？　と訊いてみても、みんな怪訝な顔をするだけで、誰一人そんな音はしなかったというのだ。

今でもなお、あの事件は不思議でたまらない。

もしかして、寺の境内という環境がそうさせたのかも知れないが、我々二人が同時に体験したことなので、とても錯覚とは思えない。

投稿者　N（男性）

恐怖のCD

ある日、友人の加山（仮名）と佐藤（仮名）から、ゲーセンへ遊びに行こうという誘いがあった。嫌いではないので、即決で行くことに。

ゲーセンの入り口辺りには、人気のクレーンゲーム機が十台ほど並んでいた。私はこの手のゲームが苦手なので、レースゲームを楽しんでいた。しばらくすると、加山がやっと取れたよと景品を見せに来た。

その景品は、恐怖のＣＤと書かれたモノだった。

「お前、こんなの取ってどうすんだよ？」

ちょっと呆れて加山に言うと、ムッとして元の場所へ戻ってしまう。

たっぷり遊んで、時計を見るともう夜の十時を廻っていた。飽きてきたので、先に帰ろうと思い二人を捜す。クレーンゲーム機のところに行くと、恐怖のＣＤをゲットしようと熱くなっている二人がいた。

「お前らさぁ、これにいくら使ってんだ？」

訊くと二人で六千円も使ったと言う。

「あと一枚で全種類そろうから、もう少し待ってて」

加山がこっちも見ないでレバーを動かしている。

仕様がないなぁと思いつつ、見ていてもつまらないので車で待つことにした。

十分ほど待つと、嬉しそうな顔をした二人が戻ってきた。どうやら五種類全部を手に入れたようだった。

帰りの車でCDを聴いてみたが、どこにでもあるような話ばかりだった。

すると何を思ったのか、加山が突拍子もないことを言った。

「なぁ、このCD、今から小学校へ行って聴いてみないか？」

こいつ何言ってるんだと、少々馬鹿にしてしまい返事をする気もなかった。

すると、佐藤も乗り気になり、成り行きで小学校に行くことになってしまった。

佐藤の家に寄って、CDラジカセを持ち出してくる。

近くにある小学校へ一歩入ると、校庭も校舎も真っ暗で不気味だった。ただ、この学校はみんなの母校だったので、少しは安心感があった。

宿直室も真っ暗だったので、先生がいたとしても寝ているようだった。

校舎の端の入り口をそっと開け、三階建てのコンクリート校舎に侵入する。入り口脇の階段を二階に上がり、いちばん端の教室に入った。

電気を点ける訳にはいかないので、真っ暗闇の中、手探りでCDをセットする。

「いいか、流すぞ！」

音をほどほどに絞って、さっそく聴きはじめる。

スピーカーからさっきと同じ話が流れてきたが、なぜか誰も替えようとはしなかった。真っ暗な教室の中という、怪談にはうってつけの雰囲気だったので、同じ話でもゾクゾクするような臨場感に満ちていた。

誰も茶化したり、ふざけたりしなかった。

CDラジカセを囲んで、無言のまま真剣に聴いていた。

聴きはじめて二、三分経った頃だろうか、ふと周りの空気が変わっていくような感じがした。空気がだんだん薄くなっていくというか……。

なんとなく頭がクラクラしてきたので、直感的に（このままじゃヤバイ）と思った。

隣の加山と佐藤の様子を見ると、かっと目を見開き、憑かれたように聴き入っている。

私は異変を感じ、何も言わずにスイッチを切ったが、すでに遅かった。

佐藤はなんで切った？　という顔をしたが、加山の様子がおかしい。

狂ったように、頭を横に激しく振っている。

初めはゆっくりだったが、次第に早くなり、しまいには頭が千切れて飛んでいきそうな勢いで……。

佐藤はただ事ではないことを悟ったらしく、泣きそうになっている。

私の肩も、ズ〜ンと耐え難いほど重くなっていた。

パニックになりそうなのを堪えて、どうすればいいか必死で考えた。

（とにかく、ここから逃げ出さないと……）

いちばんダメージのある加山を担いで校舎を出て、正門へ向かう。

ぐったりしている加山はかなり重かったが、二人で両腕を肩に担ぎ、やっとの思いで門を出ることができた。

すると、不思議なことにだんだん私の肩が軽くなっていく。閉じていた全身の毛穴が一斉に開き、新鮮な空気が浸透するような感じがした。

ひと息つくと佐藤は相当怖かったらしく、すぐに帰ってしまった。

加山は自分の身に何が起きたかわからない様子で、放心状態のままだった。

やっと、正常な呼吸ができるようになってから、加山はとつとつと話しはじめた。

「ＣＤを聴いていたら、急に息苦しくなってさ……。何か、来たんだよ」

その〝何か〟は正体不明だが、すごく怒っていたそうだ。

なんで激しく頭を振ってた？　と訊いても覚えてないという。

あのＣＤを聴いたせいで、何かに憑かれたことは間違いなかった。

加山と私が母校でこんな目に遭うとは想像もしていなかった。通っていた時も、特に学校の怪談とか七不思議といった噂もなかった。

正門の外でそんなことを話しながら休んでいると、風に混じって濃厚な線香の匂いが漂ってきた。これ以上ここにいるとまずいので、コンビニで塩を買って体に振りかけた。

正門を出てすぐに帰った佐藤から、朝四時頃に切羽詰まった電話がかかってきた。

聞くと、どうやら初めての金縛りに遭ったという。それも相当強烈な……。

私たち三人が三人とも、何らかの霊障のようなものに見舞われた。

あのＣＤをあの場所で聴いてしまったために……。

投稿者　Ｔ・Ｉ（男性）

霧の中

かなり昔のことだが、北海道の函館市にある海沿いの町に住んでいた。

漁業で生計を立てている家がほとんどの漁村である。玄関の引き戸を開けると、野球場ぐらいはあろうかという広場があり、その向こうは堤防を挟んで海が広がっていた。


あれは、ある霧の深い日のことだった。

家の前の広場も堤防も海も、絶えず湧き上がる濃霧に白く塗りつぶされ、我が家だけを残して世界が消えてしまったかのような光景が広がっていた。

早朝から両親や兄弟は出かけており、家には目の不自由な祖母と、まだ子供だった自分の二人だけで留守番をしていた。

昼頃になっても霧は晴れなかった。

こんな日だからどこにも出かけることもできず、じっと家に閉じこもっていた。

すると、唐突に玄関の方から声がする。

「水を……ください……」

女か男かもわからないほどのか細い声だったが、確かに声が聴こえた。

いったい誰だろう、怪訝に思いながら玄関先に向かった。しかし誰もいない。外に揺らめいている霧が、すりガラスの嵌まった玄関の引き戸越しに見える。

そっとその戸を少しだけ開いて、外の様子を窺ってみた。

だが、乳白色の屋外には人の姿はおろか、気配さえもなかった。さっきの声は何だったのだろうと思った。

気のせいだったのかと家の中に入り、しばらくするとまた「水をください」の声。

空耳ではなかったのだと確信し、急いで玄関に出てもやはり誰もいない。

誰かの悪戯かとも思ったが、こんな日にそんなことをする者などいるはずもない。

まったく訳がわからなかった。

首を傾げながらまた家の中に戻り、祖母に異変を報告した。

「水を置いといてやんな」

祖母がテレビを見ながら、淡々とそれだけ言った。

誰に？　なんで？　と疑問は膨らんだが、祖母の有無を言わせぬような口調に負けて、コップに水を汲み、少しだけ戸を開けて玄関先に置いた。

祖母は何かを知っているのかも知れない。

しかし、頑なまでにテレビ画面を凝視している祖母は、その理由を告げることを無言で拒否しているように見えた。

すると、ほどなくまた「水をくださぃ……」の声がする。

いったいこれは何なのだ、何が起こっているのだ……。

まったく子供の自分には訳がわからなかった。

ただひとつ、父でも母でもなく、兄弟でもなく、どこの誰とも知れぬ者が水を渇望していることだけは理解できた。

そしてそれは、良からぬ者、尋常な者ではないことだけは薄々感じられた。


また、水をくれという声に導かれるように、自分はさっき水を置いたばかりの玄関先に、ゆっくりと向かった。

無性に怖かったが、声を無視するのはもっと怖かった。

玄関先には、水をいっぱいに満たして置いたコップがあるはずだ。

怖かったので、コップが見える幅だけ戸を開けた。玄関先に置いたコップの中は、空っぽになっていた。残された空のコップだけが、訪問者の存在を告げていた。

これはいったい何なのだ？　幼い頭では理解できる訳がなかった。

誰かが飲んだことは間違いない。深く考えることもなく、好奇心に動かされるまま、玄関の戸をガラリと開けた。

漂う霧の中に、自分は見てしまった。


地べた一面に、這いずり回る無数の人、人、人、人……。

「うぅぅぅぅー」とも、

「うぉぉぉぉぉー」ともつかぬうめき声を発している。

見てはいけない者を見てしまったという後悔の後、凄まじい恐怖が肌を粟立たせた。

膝をガクガクさせながら、震える手で戸を閉めようとした時、

「水をください……水を……水、みず、みずぅ、みぃずぅ〜」

喉の奥から振り絞るような痛々しい声が、揺らめく霧の中から聴こえた。

「一人にやれば、そのうち消えるから大丈夫だよ！　早く戸を閉めな！」

家の奥から祖母が叫んだ。

テレビの音に混じって、それは生きている者の力強い声だった。

玄関の鍵をかけ、家の奥に逃げ帰った。祖母の言ったとおり、霧が晴れていくのと呼応するように、忌まわしい声は聴こえなくなっていった。

夜になり、帰ってきた両親や兄弟にこの話をすると、

「そうか……お前には見えるんだな」

と言われた。

荒れるこの海では、亡くなった者が過去も現在も大勢いるという。

投稿者　森鴎（男性・静岡県）

格安家賃

当時、付き合っていた彼は埼玉県の高校を卒業後、宝石加工の仕事に就くために山梨へ行った。甲府駅の近くに部屋を借りようと、さっそく不動産屋を訪ねた。

卒業直後だったのでお金がなく、できるだけ安い物件を探してもらうことにした。

どうやらそれが裏目に出て、事故物件に当たったらしい。

条件の合うところに、破格の賃貸マンションがあった。

そのマンションは、駅からたった三分ほどのワンルームの角部屋。当時の家賃からすると七万円は下らないはずなのに、家賃は二万五千円でいいという。

まさか訳ありか？　とも思ったが、あまりの安さに即決で契約した。

ところが、住みはじめて一週間も経たないうちに異変が起きた。

夜、仕事から帰ってきて、のんびりとテレビを見ていると、トイレから水を流す音が聴こえてくる。隣の部屋かなと思ったが、どうも自分の部屋のような気がする。

（あれ、おかしいなぁ……故障かな？）

慌ててトイレを見に行くと、水はピタッと止まっている。

勘違いだったのかと、そのまま何も気にせずに寝てしまった。すると、眠りを破るように、ジャージャーと何回もトイレを流す音が続く。

寝る前に見た時は、異常がなかったので安心したのだが、深夜にこうも頻発するというのは排水弁が壊れているのかも知れない。

もう一度確かめてみるかと、彼はベッドから半身を起こし、トイレと部屋を仕切ってあるスリガラスの方に目をやった。

すると、そこに……。

お母さんらしき女と、野球帽を被った小さな男の子の姿が映っていた。

その時、彼はまだ寝惚けていた。

（はぁ、なんで人がいるんだよ？）

さほど怖いとも思わず、そっちに歩いて行ってスリガラスのドアを開けた。

当然、そこには誰もいない。暗いままの小さな玄関ホールがあるだけだった。

その日はヘンだなとは思ったが、錯覚だろうということにして、そのまま眠った。

ただ、奇妙な出来事は毎夜のように続いた。

彼は幽霊とか、心霊現象をまったく信じていなかった。だから、ふっと見える母のような女と子供の姿にも、恐怖を感じることはなかった。

逆に、今度来たら捕まえてやると息巻いてさえいた。


そこである夜、トイレのドアとスリガラスのドアを開けっ放しにしておいた。眠った振りをして、時々薄目を開けてそっちを見張る。

夜が更けると、またいつもの女と男の子の姿がふぅ〜っと現れた。

しばらく彼はベッドから動かず、ずっと様子を窺っていた。男の子はトイレに入り、何回も水を流しはじめた。この音だったのだ。この子がやっていたのだとわかった。

「こらっ！　何やってんだ！」

彼が怒鳴りながら飛び出していくと、二人の姿はすっと掻き消えてしまった。

怒りが功を奏したのか、それからはもう二人の姿も、水を流す音もしなくなった。

しかし、異変はこれで終息したのではなかった。しばらくすると、また新たな異変が起こり始めたのだ。

早朝四時ぐらいになると、彼の耳元で叫び声がするようになった。

「ウワァァァーッ！」

この世のものとは思えない声だった。

眠っていると、突然絶叫がする。苦しんでいるような男の物凄い叫び声だった。

その声は決まって毎朝、四時頃に聴こえる。それでも彼は怖いという感情よりも、迷惑だという気持ちが勝っていた。

しかし、毎日ともなれば、彼はだんだん寝不足になっていく。

その叫び声は耳元でするように思うが、どこが発生源なのかはわからなかった。

あれだけの音量である。もしかすると他の人にも聴こえているかも知れないと思い、隣の住人にもそれとなく訊いてみた。

すると、隣の人はまったく聴こえないと言う。おかしいなぁ？　と思い、次に上と下の階の人にも訊きに行った。だが、答えは同じ。八方ふさがりになってしまった。

叫び声はそれから何日も続いた。

強制的な早起きが日課になってしまった彼は、朝の時間を有効に使うようになった。

「いつも、朝、起こしてくれてありがとう！」

部屋にいるかも知れない叫び声の主に向かって、大きな声でリアクションをした。

不思議なことに、翌日からは二度と叫び声はしなくなった。
後からわかったことだが、その部屋では首吊り自殺があったという。
彼が豪胆だったからこれで済んだが、もしそうでなかったら……。

投稿者　A・M（女性・埼玉県）

行商の宿

祖母は明治の人間で、北海道は石狩の当別というところで生まれた。

これは、そんな祖母から聞いたまるで民話のような不思議な話。


祖母の家は裕福で、屋敷といってもいいほど大きかった。

内地からたびたび行商人がやって来て、泊まっていくことも多々あったそうだ。

ある日、薬の行商がやって来た。その人は富山から行商しながら、全国各地を巡っており、顧客だった祖母の家にも訪れたのだ。

その時、行商人はどこかの宿で体験したことを面白おかしく話してくれた。


その時の話によると、行商人はその日の商売で大層疲れていたという。

田舎の宿に入り、風呂と食事をそそくさと済ませさっさと寝てしまった。ところが、寝入ってしばらくすると、なんだか騒がしくて目が覚めてしまった。

（うるさいなぁ……こんな夜中に何だ？）

寝床で耳を澄ませてみると、誰かがボソボソしゃべる声とチャリンという金属音が絶え間なく聴こえてくる。

目を閉じたまま、迷惑なやつらだと思いつつ聞き耳を立てていた。

「今日はたんまり儲かったもんだ」

「いやいや、お疲れさんでしたなぁ」

首尾よく儲けたことや、一緒に金儲けをした相手をねぎらう声が続く。

時折聴こえるチャリンという金属音は銭の音だった。

どうやらそれは、隣の部屋から聴こえてくるようだった。

昔の田舎の宿というのは、襖一枚で隣部屋と隔てられていることが多い。話し声も筒抜けで、襖の隙間からは明かりも漏れる。

薬の行商をしている自分とは違って、随分と景気のいい話だなと思った。どんな奴が、どれほど儲けたのか興味が湧いた。そっと布団から抜け出し、襖の隙間から覗いてみた。

その光景を見た途端、行商人はあやうく声を上げそうになった。

無数の猫が車座になり、金の分配をしながら世間話をしていたのだ。

寝惚けているのかと我が目を疑ったが、そうではなかった。

余りにも現実離れしたお伽話のような光景だったが、このまま見続けていると危害が及ぶかも知れないと思った。気づかれないようそっと布団に戻り、ぐっすり眠っている振りをする。

間一髪だった。

「おい、隣の客の様子はどうだ？」

一人がそう言い、襖が少し開くスッという音がした。

隣部屋から射す明かりと、じっと自分に注がれる視線を感じた。心臓が高鳴り、恐怖を覚えたが、身じろぎもせずじっと目を閉じているしかなかった。

「ああ、大丈夫だ。寝ている」

やや間があって相手はそう答え、そっと襖の閉まる音がした。

そのまましばらくの間、話し声と小銭の音は続き、生きた心地がしなかった。

必死に息を殺し、目を閉じているうちに寝入ってしまったようだった。朝早くに目を覚まし、隣部屋の様子を窺うこともせず、朝食も取らずに宿を出たという。

行商人は「猫は化けるから怖いよ、祟るから怖いよ」と、しみじみ言い残して屋敷を後にしたそうだ。

年月が経ち、祖母は年頃の娘となり、そんな不思議な話もとうに忘れていた。

毎日をつつがなく過ごしていたある日のこと、台所の手伝いをしていて戸棚を開けた途端、中から鼠が飛び出してきた。

驚いて尻もちをつき、したたかに尻を打ってしまう。腹立ち紛れと恥ずかしさで、飼い猫に八つ当たりした。

「おまえは本当に役立たずだよ。鼠を捕らないなら飯もやらない！　出て行け！」

猫に向かってそんな雑言を浴びせかけた。

その翌日のことだった。祖母が畑仕事をしようと作業用のモンペを履くと、足にヌルっとしたものが当たる。

脱いで確かめると鼠の生皮が入っていた。それもまだ肉片と血がこびり付いたもので、震え上がってしまった。

事件は続いた。次の日は長靴の中に皮のついた鼠の一部が入っていた。

そこで祖母は、はっと気づいた。鼠を捕らない猫をこっぴどく叱ったことを。加えて、昔行商人から聞いた奇妙な話も思い出した。

もしかして猫の仕業かと思うと、全身がザワッとしたという。

「お前は良い猫だ。お前に当たって悪かった、いつまでも家に居ておくれ」

祖母はそんな詫びを真剣に猫に言ったそうだ。

不思議なことに、それ以降、鼠の生皮が入ることはなくなったという。

投稿者　ハンス（男性・北海道）

魔界バス

筆者である私は、雲谷斎というペンネームでイベントやネットなど、さまざまな場所で怪談活動を行っている。

数年前の夏の夜、『魔界バス』というイベントを実施した。これは一般の京都観光では絶対に行かない怪しい場所をバスツアーするというもので、怪談好き、心霊スポット巡りが好きな人にはたまらない企画だった。

これはそのツアーに参加した、ある男性から聞いた不可解な出来事。

彼は第一部の怪談トークイベントが夕方五時に終わった後、第二部の魔界バスツアーにも急遽参加したいと、当日申し出てきた。

しかし、すでにバスは予約で満席。仕方なく、バスをあきらめて帰ろうとしていた。

すると、気の毒に思った親しいスタッフの一人が、声をかけた。

「自分の車で来てるんやろ？　よかったら、バスの後ろに付いて来て参加してもええよ」

思いがけない提案に、彼は喜んで自分の車でオープン参加することにした。

満席のバスの後をスタッフたちが乗る車が走り、その後に彼の車が続いた。

晩夏の太陽が西の山に沈み、薄暗くなった京都の街を三台が連なって曰く付きのスポットを巡る。バスの中ではおそらく雲谷斎が怪談を語ったり、訪れる場所のガイドなどをして乗客を怖がらせているはずだが、自分の車なので話を聞くことは叶わない。

しかし、彼はみんなと怪しい場所を一緒に訪れる楽しさに満足していた。


すっかり日も暮れた頃、その日のメインである場所に到着した。

そこは京都の心霊スポットとして一級の場所で、その類の本などにも必ず出てくる『Kトンネル』だった。

バスと車はトンネル入り口の手前にある信号前の広い場所に停車し、みんなはゾロゾロとトンネルの方に歩いて行く。

彼は何度かこのトンネルに来たことがあり、トンネルの怪奇な言い伝えも知っていた。

いちばん後ろで様子を見ていると、一人二人と次々トンネルの中に入っていく。

（えっ、マジで入るの？　トンネルは狭いから、定期バスが入って来たら壁ぎりぎりに立たんと危ないいんやけど……。トンネルを歩いて向こうへ抜けるようやけど、こんな大人数で大丈夫か？）

そんなことを何人かと話していたら、バスの運転手がエンジンをかけた。

「トンネルを抜けたところでみなさんを乗せます」

そう言ってバスをゆっくり運転しはじめる。

彼やスタッフたちも、後を追おうと急いで車に戻った。トンネルの信号が青になったので、彼の車がしんがりで走り出した。

トンネル内の明かりは古いタイプのナトリウム灯。オレンジ色の照明ではあるが、なんとなく赤く見える。それがさらにトンネルの不気味さを醸し出している。

赤く染まる照明は、見ようによっては燃える火のようでもある。怪談好きの人たちが、地獄の業火に向かって進むような姿は、亡者のようにも見える。

（飛んで火に入る夏のムシみたいやなぁ……）

不謹慎なことを思いながら、彼もゆっくりと車を進めていた。

半分近くまで来た時だった。いきなりトンネルの天井から、開け放った車の窓に声が降ってきた。

「ああ あ゛あ゛ぁ゛ぁぁぁぁぁぁぁぁー！」

断末魔のような、男とも老婆とも知れぬ低く苦しげな濁声であった。

「うわっ！」

あまりにもその声が大きくて、彼は心底驚いてしまった。

（な、何やねん、今のは？）

その声が止んだ後も、背筋がゾクゾクと粟立っている。

目の前にトンネルを歩いている友人たちがいた。

「さっきな、トンネルの天井から絶叫みたいな声がしたんやけど、誰か叫んだ？」

車を停めて訊いてみたが、誰もそんな声を出していないという。

気のせいとか、聞き間違いとは思えないほどの音量だったのに、誰も知らないというのが解せなかった。

不可解なまま、彼は車でトンネルを抜けた。

歩いてトンネルを抜けてくる人たちを待っている間、さっき起きた奇妙な出来事を、前を走っていたスタッフ車の一人に話した。

その人はバスに乗っていた参加者で、トンネルを前にして体調がすぐれないと言い、スタッフ車に同乗した人だった。

すると、その人は彼が謎の声を聞いた同じ場所で、不可解な違和感を覚えたという。

つまり、その場所で奇しくも二人の人間だけが異変に遭遇したことになる。

しかし、それが何だったのか、単なる錯覚だったのかはわからないままだった。


みんなはトンネルを抜け、再び戻るバスに乗り込んだ。

バスと車は今歩いて抜けたトンネルを引き返すため、トンネルの手前で信号待ちをしていた。彼はまたいちばん後ろに車をつけ、バスが動き出すのを待っていた。

ハンドルを握りながら、何気なくルームミラーを見る。

すると、そこに何かが映り込んだ。

（ん……？　今のは何や）

今、彼の車が停車しているのはUターン場所。ここから奥には車が通れる道はない。川沿いに宿が一軒あるぐらいだ。彼はそれを知っていたので、不可解に思いながらもう一度ルームミラーを確かめた。

……と、ルームミラーはあり得ないものを映し出していた。

〝白い人影〟だった。

白い人影が二体、ルームミラーの右から左、左から右へとクロスするように移動して、消えていったのである。

えっ！　と固まったまま、信号が変わるまで彼はずっとミラーを凝視していた。
しかし、もうその姿を見ることはなかった。

心霊スポットとして有名になるのは、過去何らかの異変が連続したことによる。
トンネルを訪れたのは、怪談好きな興味津々の一行である。そんな熱量に刺激されて、
何かが寄ってきたのかも知れない。

投稿者　ＴＯＹＢＯＹ（男性・大阪府）

縛

手も足も微動だにしない、石化した肉体に支配される瞬間。
ピクリとも動かない意志を無くした肉体は、ただ無防備である。
喉も裂けよと振り絞った悲鳴は、縛られた体から無力に脱落する。

盛り塩

学生時代、大阪のある道場で部活の合宿があった。

やっと合宿が終わり、くたくたに疲れて大阪府堺市の学生マンションへ帰ったその夜のことである。

疲れていたので早めに床に就いたのだが、しばらくすると、辺りでザワザワする人の気配と声で目が覚めた。

はじめは隣の部屋の住人が騒いでいるのかと思っていた。しかし、無節操にざわついていた声がだんだんまとまっていき、何人もが揃ってお経を詠んでいるような声になった。

変な夢でも見て寝惚けてるのかと思っていると、寝ている私の胸の上に、いつの間にか見知らぬ女がいた。しかも、女はきちんと正座している。

女の顔はよく覚えていないが、ショートカットで白いセーターを着ていた。

その女が、いきなり私の首を絞めてきた。

抵抗しようとしたが、まったく体が動かない。

ああ、これが金縛りかと恐怖で戸惑いながら、次第に意識が途切れていった。

翌日、目覚めた時に金縛りに遭ったことを思い出し、ハッと身構えた。しかし、周りには何も異常がなかった。

やや落ち着き、あれは合宿の疲れで、嫌な夢でも見たせいだろうと、気にしないようにした。

しかし、その夜もまた次の夜も、同じ怖ろしげな夢が続く。

三夜連続で、嫌な夢に苛まれたことで、これはちょっと普通ではないと確信した。

訳のわからない不気味さがあったので、四日目の夜からは大学の部室に泊まることにした。幸運にも、他にも部室に泊まっている者がいたせいか、その夜からは悪夢を見ることは無くなった。


部室での寝泊まりが何日も続いていたある日、実家の母から電話があった。

「あんた、なにか困っていることはない?」

大学に入って、年に一、二度しか連絡を取らなかった母からの突然の電話だった。

しかも、私の窮状を見透かしたように訊いてくる。そのタイミングに戸惑ったものの、悪夢に悩まされていることを正直に伝えた。

「ああそう、また電話するから、前の部屋に帰らずにそこで待っていなさい」

母はそう言いつけて電話を切った。

二時間もしないうちに、母からまた電話がかかってきた。

「明日、朝いちばんで大阪へ行くから、駅へ迎えに来て」

翌日、母を迎えに行くと、挨拶もそこそこに強引に不動産屋へ連れて行かれた。

その日のうちに引っ越し先を決め、ひと息ついて夕食を食べる段になり、ようやく母から急に大阪へやって来た理由を聞かされた。

母によると、私が悪夢を見はじめた頃、霊的な力がある知人が妙なことを言ったらしい。

「ねぇ、最近、家族に変わったことない？」

遠方にいて、私の悪夢のことなど知る由もない人が、母にそんなことを訊いたのだ。

母は父や祖父母、妹にそれとなく尋ねてみたが、誰にも心当たりはない。その時は、知人の気のせいだろうと、母はそのままにしておいた。

ところが数日後、母がまた知人に会った時、同じことを訊く。

「う～ん、やっぱりご家族の誰か、えらい目に遭っている人がいると思うんだけど……」

そこで初めて、母は離れている息子のことを思い出したというのだ。

母の突然の電話はそういうことだった。そして、やはり変わったことが起こっていることを私から聞かされたという経緯になる。

母は急いでその知人に相談した。

「ああ、なるほど。息子さんには、大阪の北の方で亡くなった女性が憑いているみたいですよ。このままでは良くない。連れて行かれそうなので、できる限り早く引っ越さないと大変なことになるかも……」

予想もしない答えが返ってきたため、母は慌てて大阪へ駆けつけて来たというのだ。


翌日、母は来た時と同じように、慌ただしく帰った。

「いいかい、引っ越し準備があると思うけど、暗くなってからは元の部屋にいないこと。部屋の四隅に盛り塩をして、毎日取り替えること。今度引っ越す先の玄関にも、盛り塩をしておくこと」

知人からの助言をくどいほど伝え、粗塩を置いていった。

元の私は助言どおりのことを行った。

さて、引っ越しを済ませた晩のこと。少しは安心して眠っていると、夜中の二時頃に、部屋のドアがノックされた。

親しい友人には引っ越すことを伝えてあったので、引っ越し先のアパートに酔っ払った友人が遊びに来たのかと思った。

深夜でもあり、迷惑なことだなとは思ったが、無下にできずドアを開けた。しかし、廊下には誰もいない。

その晩は気のせいかと思ってそのまま寝たが、ここでもそれが異変の始まりだった。

引っ越し先の部屋のドアが、毎晩二時になるとノックされる。そして開けると、誰もいない。そんな不可解なことが続くようになった。

まだ異変が続いているのかと、また母づてに例の知人に相談してみることに。

「なんで開けたりするんですか！　憑いてきちゃいますよ！」

しまったと後悔した。

かなり無防備なことをしていたようで、真剣に怒られてしまった。

それ以降は、いくらノックされても無視し続けた。というか心底怖ろしかった。

言われたように、盛り塩だけは毎日欠かさず新しくして置くようにした。

一か月ほど経つと、ノックはドアから壁へと移った。

部屋は六畳一間で三階の角部屋。壁の向こうは外になる。誰かが壁を叩くことなど到底不可能なのだ。

しかも、叩く音は必ず夜中の二時。耐えるしかなかった。どこかに逃げたり、引っ越したとしても、またそこで同じことが起こるに違いないと思った。

恐怖の壁ノックは、これも一か月続いた。

壁が終わったと思ったら、今度は窓が叩かれるようになった。

ベランダのない部屋だったので、窓の下は外壁だけである。足場も木の枝もない。

壁より窓の方が深刻だった。薄いガラス一枚嵌まっているだけなので、いつか叩き破られるのではないかという新たな恐怖が襲ってきた。

いくら蒸し暑くても、窓を開けて眠ることもできなかった。

毎夜、二時に窓がバンバンと叩かれる恐怖。知人の教えをひたすら守り、玄関と部屋の四隅の盛り塩だけは欠かさなかった。

窓が叩かれる異変も、やはり一か月続いた。

そして一か月を過ぎた頃、突然すべてが終わった。

アパートに引っ越してから、やっとドアのノックも壁叩きも窓叩きもなくなった。

自分でもよく耐えられたものだと思う。何かが去ったことは気配というか、空気の軽さからも実感できた。

長かった怪異から、ようやく解放されたのかと、晴れ晴れとした気分で大学へ行こうとアパートの階段を下りていった。

すると、真下の部屋の住人が、玄関の前に盛り塩している姿が目に入った。

投稿者　道産子（男性・大阪府）

手の感触

その日、私は仕事が休みだった。疲れ気味だったのでベッドで昼寝をしていた。するといきなり、私は覚醒してしまった。

未だに夢だったのか現実だったのかわからないが、気がつくと髪の長い女が私の上に馬乗りになっていた。

(えっ、なに！　どうなってるの？)

初めての訳のわからない体験だった。

パニクってそう思った瞬間、一気に体が硬直し、指の先まで動かなくなってしまう。

あまりにも怖かったので、家にいる隣室の弟を呼ぼうとした。

しかし、声が掠れ喉も開かず、苦しげに呻くだけで声も出なかった。焦りまくっているうちに、疲れてまた眠ってしまったのかも知れない。

すると今度は、寝ている私の頬をピタピタと誰かが触っている。そんな気配でまた目が覚めた。それは柔らかく、暖かく、小さな小さな手の感触だった。

物凄く気持ち悪かったので体を動かそうとしたが、手も足も頭も微動だにしない。金縛りということはわかっていたので、なんとか解かなければと（えいっ！）と心の中で掛け声をかけ、不気味な小さな手を振り払おうと試みた。

気合いが功を奏したのか、その手をなんとか退けることができた。

（ふぅ〜、今のは、いったい何なの……？）

激しい動悸のまま、寝ながら混乱していた。

するとまた、あの小さな手がどこかから忍び出てきて、私の頬を触りはじめる。

今度は、はっきりと目を開けて、それを見てしまった。


赤ちゃんの腕から先が、布団の上で巨大な芋虫のように蠢いて、私の頬を触っている！

プヨプヨとした赤ちゃんの腕が、手の指をひくひくと動かして迫ってくるのだ。

（なんで、私のところに……？）

信じられない光景から、どう逃げるかだけを必死で考えた。

その間にも、頬をヒタヒタと触ってくる。その度に私は心の中でそれを振り払った。おそらく五回以上しつこく触られたように思う。

その後のことは覚えていない。気がついた時は死んだように眠った後だった。

すぐ家族にこのことを話した。

「あはははは、寝惚けて夢でも見たんでしょ？」

当然ながら、一笑に付された。


しかし、あれは本当に〝夢〟だったのだろうか。

あの手の小ささとか、温もりとか、柔らかさとか……。

じつは、私の下には弟のほかに、本当はあと二人妹か弟がいるはずだった。

家庭の事情もあり、二人はこの世に生まれてくることが叶わなかった。

二人の魂は仏壇の中に祭ってある。

そんな二人のどちらかが私のことを心配してか、あるいは寂しがってか、ふとあっちの世界から出てきたのかも知れない。

投稿者　ゆか（女性・熊本県）

仮眠

その日、神戸から神奈川までの荷物を長距離トラックで運んでいた。

いつもなら「卸先」まで高速に乗るのだが、積み込んだ時間が早かったので、一般道をのんびりと走っていた。

このまま走ると、目的地には夜中の一時ぐらいには着けるはずだった。

やがてトラックは箱根の山に差しかかった。箱根新道を走ると簡単に抜けられるが、料金を節約するために旧道を行くことにした。

しかし、それが間違いだったのかも知れない。

いつもならあまりないことだが、なぜか旧道に入った途端、すごい眠気に襲われる。

我慢して走ろうとしても、事故りそうになるくらいひどかったので、トラックを道端に停めて仮眠を取ることにした。

ウトウトとしはじめた頃だった。

ドンドンドンドン！　ドアを外から誰かが叩く。

眠たい目を擦りながら窓を開け、外を見下ろしてみても誰もいない。誰もいないどころか、他の車さえ停まっていなかった。

はっきりと耳で聞き、ドアを叩かれた振動もしたのに奇妙だった。気のせいか？　夢でも見たのか？　そう思おうとしたが、あまり気持ちのいいものではなかった。

「ちぇっ、卸先まで走るかぁ……」

独り言を口にしながら、ハンドルを回して道路にトラックを出した。

この場所から走り出したのは、本当のことを言うと怖かったからだ。

とろが、少し走っただけで、また強烈な眠気が襲ってくる。

「これくらい走ったから、もう大丈夫だろう……」

自分を納得させるように呟きながら、また広くなった道端にトラックを寄せた。

眠気に負けて気を失うようにウトウトしはじめると、また……。

ドンドン！　ドンドンドン！

さっきと同じように、外からドアを力いっぱい叩かれる。

「またかよ！　いい加減にしろよな！」

睡眠を妨げられた怒りで、怖いのも忘れて怒鳴りながらドアを開けて外に飛び出した。

しかし……夕暮れの道には、やはり誰もいない。自分のトラックのすぐ脇を、慌ただしく車が行き交っているだけ。

これは流石にまずいかなと思った。

といっても、どうすればいいのかさっぱりわからない。車を走らせる、するとすぐに眠くなる。車を寄せて寝ると、ドンドンドンと起こされる。

その繰り返しだった。そんな気味の悪いことを何回も体験しているうちに、とうとう箱根の山を越え目的地の近くまで辿り着いていた。

辺りはすっかり暗くなっていたが、なんとなく、もう大丈夫なような気がした。

（あれは、何やったんやろなぁ？）

不可解なことを思い出しながら、目的地の近くで広くなった場所があったので、今度こそ安心してトラックの寝台に寝転がって熟睡に突入した。

どれくらい寝ていたのかわからなかったが、妙な音に起こされた。

ウィーン　ウィーン　ウィーン……

何の音かと思った。機械音が断続的に聴こえている。

それはよく知っている音だった。誰かが、パワーウィンドウを開けたり閉めたりしている。はぁ？　と思った。誰が、いつの間に車内に入って……？。

寝惚けながら、音のする窓の方を見ようとした。その途端、いきなり甲高いキーンという耳鳴り、それと同時に体がまったく動かなくなったことに気づいた。

（えっ、金縛り？　やばいんちゃうん？）

半泣きになりながらも必死にもがいていると、枕元に誰かの気配がする。

どうやら、女がこっちを覗き込むように座っているのがわかった。


トラックの寝台は、大人が一人寝転べば枕元に人が座るスペースなどない。

しかし、女は座っている。

それだけではなく、右手の甲の辺りに猫っぽい動物がいるような感じもする。

手の甲にその動物の吐く息が当たっている感覚があり、たまに手の甲をペロッと舐めたりする舌触りが、ザラッとした猫の舌のようだったからそう思ったのだ。

しかし、勝手に女や猫がトラックに侵入できるはずはない。ひどい金縛りに遭いながらも、ここまで来る道中で起きたことを思い出し、やっと睡眠が取れたのに、それを妨げられた怒りも混ざって、異変の怖さも忘れていた。

（お前、誰やねん！）

かなり強気に、心の中で問い詰めた。

すると、今まで何も言わず座ってた女が、突然こちらの首に手を回してきたのだ。

女とは思えない力で、ジワジワと首を締め上げながら、耳元に口を近づけてくる。

そして、小さな声で一言。

「誰か、わかるでしょ？」

（わかりません！　まった知らないし、身に覚えもありません！）

そう返したかったが、命の危機さえ感じる恐怖を覚えていた。

（ごめんなさい　ごめんなさい　ごめんなさい！）

意味なく、ひたすら心の中で謝りまくった。

すると突然、ふっと体が軽くなり、脱力するように金縛りが解けた。同時に女と猫らしき動物の気配もなくなっていた。

ぐったりとして起き上がり、車の車内灯からヘッドライトなど、電気をすべて点けた。

まさか車内のどこかに潜んではいないだろうなと、あちこちに視線をおくった。

パワーウィンドウの音を立てながら、開いたり閉まったりしていた窓を確かめて、ゾッとした。

窓はきっちり閉まっている。
しかし、外から何かが這い上がって来たような手形が、ベッタリとついていたのだ。
その後も何度か箱根も通ったし、卸先にも行った。
だが、あんな怖ろしいことは一度きりだった。

投稿者　じゅん（男性・兵庫県）

異音

ギシギシと何かが異音を立てている。

それが自分の部屋の中だと気づいたのは、深夜一時過ぎのことだった。


自分はマンガ家で、いつも夜中まで机に向かうことが多い。

その日も、いつものように原稿用紙に向かっていると、耳障りの悪い音がする。

何だろうと思ったが、そのうち止むだろうと、さほど気にもせず作業を続けていた。

しかし、その音はいつまで経っても続く。初めはアパートの誰かの部屋から漏れている音かと思っていたが、どうも音が近い。

いや、正確に言うと、音は少しずつ近づいてきているのだ。小さかった音が、だんだんと大きくなってきている。

ギシ……………ギシ……ギシ、ギシ
気になり、ペンを持つ手を止めた。

やはり、おかしい。音は明らかに、自分の背後からしている。

それに気づいた時、背筋に寒気が走った。とはいえ放っておくことはできない。躊躇したが思い切って後ろを振り返ってみた。

だが、そこにはいつもの乱雑な自分の部屋があるだけ。

さっきまでの異音は、もう聴こえなくなっていた。

ほっとすると同時に、ひとつ溜め息が出た。

疲れているのだろう、このところ締め切りに追われて碌に寝ていない。

自分はペンを置き、スタンドの明かりを消してベッドに横になった。部屋の明かりだけは点けたままにしておいた。またすぐ、作業を再開しようと思っていたからだ。

ギュッと目を瞑って神経を休める。ラジオの音だけが薄く部屋に響いているだけで、ギシギシというさっきの音はしない。

やはり疲れが溜まっているせいで、ありもしない音を聞いたのだろうと思った。

そのまま、少しウトウトしてしまったのか、僅かな覚醒の後に、また引き込まれるような睡魔が襲ってきた。

（まぁいいさ、締め切りまで少し時間はあるし、このまま寝てしまおうか……）

誘惑に負けて、そう思ったその時。

ギシッ……！　また、あの音がした。

だが、もうどうでもよかった。眠すぎて、音のことなど気にする余裕もなくっていた。

（もういい、ゆっくり眠ろう……）

意識が落ちてしまう直前、不意に風が寝ている自分の顔を撫でた。

（うん？）

夜だから窓は全部閉めているはず、風など起こるわけがない。

これはヘンだぞと、瞼を開けようとして気づいた。体がまるで動かない。体どころか、目を開けることすらできなくなっていた。しかも、風は止む気配がない。

その時、嫌な想像がふくらんだ。これは、本当に風なのだろうか？

顔を撫でているのは空気の動きだと思っていたのだが、次第にそれとは違うものではないのかという疑問が頭をもたげてきた。

少しくすぐったいような感触……。

それは、髪の毛だった。

髪の毛がゆらゆらと、自分の体の上を彷徨うように撫でている。

それは想像を超えた恐怖だった。逃げ場のないこの状況で、目を開けられないのは逆にろう〝何か〟を、たとえ目が開いたとしても絶対に見たくなかった。


幸運だったのかも知れない。

部屋には明かりが点いているはず。体が硬直している状態で、たぶん目の前に居るであろう〝何か〟を、たとえ目が開いたとしても絶対に見たくなかった。

やがて髪の毛は、何度か自分の顔と体を刷くように撫でた後、ふっといなくなった。

それからどれくらいの時間が経ったかはわからない。

まだ部屋のどこかにいて、こちらの様子を窺っているかも知れないので、しばらく死んだように、そのままの姿勢を取っていた。

ただ、体に力が入らない状況では、いざ逃げるという時に起きることができない。そこで、なんとか体を動かそうとした、その瞬間だった。

「あああぁぁぁぁぁぁぁぁっ……！」

今度は耳元で、分厚い男の声が響いたのだ。

うわっ！　と思った途端、反射的に目が開いてしまった。

けだるく、力の入らない体だったが、なんとか半身を起こして部屋の中を確かめた。

……いつもどおりの乱雑なままの部屋がそこにあった。

誰もいないし、さっきの異音も聴こえない。ああ、やっぱり夢だったんだと自分に言い聞かせ、その日は恐る恐るそのまま眠りについた。

それからは、あの不気味すぎる金縛りにも遭うことはなかった。

一過性の怪奇な体験だった、と思えるようになっていた。

そんなある日、部屋の中で長い髪の毛が数本落ちているのを見つけたことがある。どう見ても女の髪の毛……。自分は短髪だし、部屋に髪の長い女を入れたことはない。

不思議に思いながらも、その髪の毛を捨てたが、それから数日経つと、また部屋に長い髪の毛が落ちているという不可解なことが続いた。

現在は都心に引っ越し、新しい部屋ではそんな目に遭ったことはない。

やはり古いアパートのあの部屋、何かあるのだろうか……。

投稿者　平太朗（男性・東京都）

入院生活(1)

持病の喘息で、小学五年生の夏から卒業まで、群馬県のある病院に入院していた。

入院生活に慣れてきた頃、子供心にも怖ろしい出来事に遭遇した。


その夜、同じ病院の友達と一緒に、病室で消灯時間を過ぎてからも話していた。

二十一時をまわると、そろそろ皆眠くなってくる。今夜は解散にしようかと思った時、ふいに一人が素っ頓狂な声を上げた。

「おい、あのカーテン、揺らいでるぞ！」

みんな一斉に、カーテンに目を遣った。

見るとカーテンは小さな波のように、フワフワと揺れている。

「何だよ、窓が開いているだけじゃないのか？」

誰かが言った途端、カーテンの揺れが聞いていたかのようにピタッと止まった。

じつは日が暮れた時、看護師が窓を閉めたのはみんな知っていた。

ちょっとした異変に戸惑っていると、真っ暗なはずの外がどんどん明るくなっていく。まるで、窓の外から遮光カーテンに黄色いライトを当てているかのように。

みんなはその場から動けず、金縛りのようになった。身動きもできず、目だけはカーテンに釘付けになっていた。すると数秒後。

ぼやっとした、上半身だけの影がカーテンにふぅ〜と映ったのだ。

その影はカーテンの端からゆっくりと、そのままの形で動きだした。

子供には理解不能の現象が起きていた。ただ、足元から這い上がるような恐怖だけが、背筋を粟立たせていた。

みんなは金縛り状態のまま、声も上げられずその影を見詰めるだけだった。その時、病室の中でいちばん年上の患者がベッドから降り、その影に向かって拳を叩きつけた。

その瞬間、不思議なことが起きた。

みんなの金縛りも、カーテンを照らす光も一瞬にして消え、元の暗闇に戻ったのだ。もちろん、光に照らし出されていた影も消滅していた。

すぐに看護師を呼んで一部始終を報告したが、夢でも見たんでしょと笑うだけ。カーテンにも窓にも、何も異常はなかった。

結局この夜、みんなが見た奇妙な体験の真相はわからずじまい。

ただ、勇気を振り絞って影を殴った人の言葉は不可解だった。

「感触がね、なかったんだよ。でも、窓にはガラスがあるはずだろ？　その感触もなかったんだよなぁ……」

あり得ないが、集団幻視ということだろうか。

投稿者　あにき（男性・群馬県）

入院生活(2)

この群馬県の病院では、他にも信じ難い体験をした人がいる。

それは私と同じくらいの時期に入院していた高田君（仮名）。


ある冬のこと。

高田君は真夜中にトイレに行きたくなった。廊下は暗いし、トイレはその廊下の端にあるので邪魔くさいよりも、気味が悪い。急いで済まそうと、ペタペタとスリッパの音を立てながらトイレへ駆け込んだ。

用を済ませ、洗面所で手を洗おうとした時だった。

ポチャ～ン……ポチャ～ン……

トイレの中から、水が滴り落ちる音が聞こえる。

彼以外にトイレを使っている者はいなかったので、なぜ水の音がするのかわからなかった。もしかして、どこかの配管が緩んでいるのかと思った。

彼は洗面所にある鏡を反射的に覗いた。

曇ったような古い鏡には、暗い蛍光灯に照らされたトイレの内部が映っている。その鏡に吸い寄せられるように、ゆっくりトイレの隅々に目をやった。

ずらっと並んだ奥の個室の扉が映っているが、映っているのは扉だけではなかった。

パジャマを着たお爺さんが、個室の扉から透けたまま出てくるのが見えたのだ。

その時点で、彼は金縛りのような状態になっていた。その場から逃げ出したくても、鏡を注視したまま固まってしまった。

両目しか動かすことができない。その場に立ち尽くしたまま、目を見開き、瞬きもできず鏡の中の恐怖を見続けていた。

その間も、ポチャ～ンという水が滴る音は止むことがない。

ポチャ～ンという落ちる音に合わせて、お爺さんは奥の壁にある窓に向かって、滑るように近づいて行った。そして、壁にぶつかる寸前、ふっと消えてしまったという。

その瞬間、金縛りが解けた彼は逃げるように病室に戻り、ベッドで頭から布団を被って朝を待った。

起床の頃、彼と同室の人がトイレに行った。

「なんだこれは！」

しばらくすると、トイレの方から大声が聞こえた。

病院の職員が何事かとトイレに駆けつけると、トイレットペーパーが個室の中にぶちまけたように散乱していた。

その個室はまさしく、あのお爺さんが染み出てきた個室だった。

投稿者　あにき（男性・群馬県）

シーツ

美容師をしている男友達は、仕事の都合で友人たちと相部屋で暮らすことになった。

三人で懸命に物件を探していたが、都内にそこそこ安くて便利なところなど、なかなか見つからなかった。

予算と地の利が両立する物件など無いと思われたが、運良く家賃七万円で、しかも名の知れたマンションという願ってもない部屋が見つかった。

大家も良心的だったので、部屋も見ずに友人たちは即決で契約をしてしまった。


早速、引っ越し荷物を運び入れると、そこはとても広い部屋できれいだった。

三人とも気に入ってしまい、テンションも上がっていた。

「これでさぁ、たった七万はラッキーだったよなぁ」

「本当だよ、相場の半分ぐらいじゃねえの」

満足げにしゃべりながら、そこら中のドアや戸を開けて回っていた。

押し入れの襖を開けてみると、そこにグチャグチャに丸められたシーツと、まだフカフカの座布団が入っているのを見つけた。

「おお、いいねぇ、使おう使おう！」

思わぬ戦利品だった。

ひとりが丸まったシーツを広げると、バリバリバリッとくっついた何かが剥がれる音がする。

なんだ？　とよく見ると、べったりと凝固した大量の血痕。

「うわっ、何だよこれ！　気持ち悪いなぁ……」

友人たちはそのシーツを摘まむようにして、すぐに捨ててしまった。

そんな引っ越し事件があったものの、三人は荷物の片付けなどに追われて、シーツのことなど忘れていた。

一週間ぐらい過ぎたある夜、突然大家が訪ねてきた。

「あのさぁ……押し入れに座布団とシーツがなかった？」

何か言いにくそうに、小声で真剣に訊く。

きれいだった座布団はその場で返したが、シーツは捨ててしまったため、勝手に捨てたとも言いにくかった。

「いやぁ、シーツは無かったですけどねぇ……」

少し歯切れ悪くシラを切る。

「ふ～ん、そうか……」

大家は首を傾げながら、その日は帰っていった。

次の日も大家はやって来た。

「本当に、シーツは無かったか？」

しつこいまでに尋ね、三人の顔色を疑い深く探ってくる。

こうなると尚更に捨てたとは言えなくなり、無かったと言い張るしかなかった。

大量の血痕が染み付いたあのシーツは、訳ありということはわかったが、誰も大家に問い質すことはしなかった。いや、怖くてできなかった。

それからも大家は連日のように訪ねて来た。しまいにはみんなが出かけている隙に、合い鍵で勝手に部屋に入り、あちこち探し回っていた形跡があった。

シーツがどこにも無いので、やっと大家も探すのをあきらめたようだった。

ただ、その頃から奇妙な現象が起こりはじめた。

友人たちが寝ていると、今まで経験したこともないのに、突然金縛りに遭う。その最中に、何かが廊下から猛スピードで友人たちの部屋に向かって走って来る。そして、ドアにぶつかるという寸前で、ピタッと止まるのだ。

しかし、走ってくるといっても普通の走り方ではない。廊下の壁と天井の上下左右を螺旋状に、ダダダダダッと部屋に向かって走って来るのだ。

それが毎週のように続く。とうとうみんなは耐え切れず、逃げるようにその部屋から出てしまった。

結局、それが何だったのかは、未だにわからず仕舞いである。

大量血痕のシーツと大家の狼狽ぶり、という謎だけを残して……。

投稿者　K・O（女性・東京都）

感

第六感という言葉だけで変異を片付けてはならない。
いかに合理的な説明も、モノクロームのように色褪せてしまう。
それは気配を感じるレーダーにまた何かが反応しているから。

ボロ自転車

その頃、住んでいた街は、いわゆるベッドタウンと呼ばれるところ。渋谷から電車で小一時間の距離だった。

その最寄り駅で、自転車を盗られたことが異変のはじまりだった。


駅前には三階建ての自転車置き場があり、毎朝そこを利用していた。

その日は給料日だったので、同期のヤツらと飲みに行った。深夜になって、いい気分で電車から降り、いつもの自転車置き場に向かう。ところが、いくら探しても停めておいたところに自転車がない。

いっぺんで酔いが醒め、腹立たしさで爆発しそうになった。

この自転車置き場で自転車がなくなったのは、これで三度目になる。今朝は遅刻ぎりぎりだったので、いつものようにチェーン錠をかけなかったのが間違いだった。

おかげで駅から二十分以上の道のりを歩いて帰らなければならなくなった。

仕方なく、悪態をつきながら歩きはじめる。

駅を離れると、すぐ川の堤防に出る。いつもなら、自転車で風を切って走るのが気持ちよい土手の道だが、それは延々と無限に続くようでとても長く感じられた。

足元の川沿いの斜面には、雑草が生い茂って風になびいている。

明かりもない暗い道だったが、茂みの中に捨てられたのか、乗り捨てられたのか、横倒しになっている自転車を発見した。

まだアパートまでは随分の距離がある。

飲み過ぎたせいで体は重く、足にも力が入らない感じがしていた。少し迷った挙げ句、河原の茂みに自転車を確認しに降りて行った。

雑草をなぎ倒して横たわるその自転車は、なんとか乗れそうな外観だった。パンクしている訳でもなく、鍵も外れたままになっている。

よし、今晩だけちょっとこいつを拝借しよう。明日の朝、ここに戻しておけばいいだろう、と勝手な言い訳を思いついて、自転車を土手の道まで押し上げた。

自転車に跨がり、キィイイキイイィと何かが擦れる音を立てながら、真っ暗な道を走り出した。

若干、運転のしづらさはあったものの、なんとかアパートまで辿り着いた。

また盗られたら元も子もないので、自転車を部屋の前まで運び入れる。

軽くシャワーを浴び、すぐ倒れるように床についた。明日は休みということで油断していたのだろう、やっぱり飲み過ぎたようだった。

どれくらい眠ったのかわからないが、ふと気がつくと腹の辺りが妙に苦しい。耐えかねるように目を覚ました。

(何だろう……酒のせいか?)

そう思いつつも、飲み過ぎて胃が重いという状態でもないことは明らかだった。

何度も寝返りを打ちながら我慢をしていたが、腹の辺りに残る重圧感は一向に治まらなかった。無理やり眠ろうとすると、腹がグイグイッと押されるような、締めつけられるような違和感が襲ってくる。

あまりの寝苦しさに起き上がり、少し風を入れようと窓を開けた。それでも暑い。今晩は異様なほど蒸し暑く感じられた。

じわっと汗が額に滲んでいる。それを拭おうと、手を額にあてがった。

その時、信じ難いものを目にしてしまった。

それは薄暗い部屋の中で、自分の腕を掴む青白く光る〝手〟だった。

一瞬、何が起こっているのか理解できなかった。

それはそうだろう。誰もいない部屋で、自分の腕を手首から先だけの手がムギュッと掴んでいるのだから。

それが夢でもなく現実であることを理解した時、瞬時にパニックに陥り、声にならない悲鳴を上げていた。慌てて立ち上がり電気を点けようとしても、混乱してスイッチを探せない。

そのうち圧迫され続けていた腹に、肘から先だけの青白い腕が巻きついているのが目に入った。狂ったように暴れながら、その腕を振り払おうとしても、手は空を切るだけで、おぞましい腕には触ることができない。何か訳のわからないことを叫びながら、のたうち回るしかなかった。

そのうち吐き気をもよおし、トイレに駆け込んだ。

胃の中のモノを全部吐き出す。何も出なくなった後は胃液を吐き、よだれを流した。

ポタポタと何かがトイレに滴っている。それは涙だった。悲しい訳でもないし、感情が高ぶっている訳でもない。ただ、後から後から止めどなく涙が溢れる。

恐怖と気分の悪さで何度も目の前が暗くなり、意識を失くしそうになった。

トイレの中で体を二つ折りにして唸っているうちに、やっと人心地がついた。

ふと気がつくと、自分の腕を掴んでいた手も、体に巻きついていた腕も、いつの間にか消え去っていた

のろのろと洗面所で顔を洗い、深呼吸をし、疲れ切ってまた床についた。

幼い頃、熱に浮かされて不安で泣いた夜のことを思い出した。しかし、これはそんな記憶の中の状況とはまったく違っていた。

自分の腕を掴み、腹に巻きついていた手や腕、訳もなく溢れ出た涙は、いったい何だったんだろう。

部屋の明かりを消すのが怖くて、明るいままの部屋で考え、やがて眠りに落ちた。

昨夜の疲れで目が覚めた頃には、太陽はすでに高く昇りつめていた。

いつもと変わらない部屋の光景、手や腕の痕跡など皆無だった。

それにしてもあれの意味がわからなかった。しばらく床で呆けていたが、このまま部屋に一人でいることに不安を覚え、友人に会わないかと電話した。

ちょうど暇だった平田（仮名）が、一時間ほどで部屋にやって来た。

部屋に入るなり平田は口を開いた。

「お前、なんであんなボロ自転車を部屋の前に止めてんの？」

自転車を盗られたことを伝え、代わりに河原から拝借してきたことを伝えた。

「それはいいけど、あんな自転車にどうやって乗ったんだよ？」

平田は素っ頓狂な声で訊く。

キコキコ音を立てる自転車に乗って、ここまで走ってきたのだとありのままを話す。

しかし、平田はまったく人の話を信じていなかった。

半分怒ったように、無理やり自分を部屋から引っ張り出した。

「ほら、こんな自転車にどうやって乗るんだよ！」

部屋の前には、昨日乗ってきた自転車があった。

泥水に汚れ、水草や雑草を絡ませ、錆だらけでチェーンすら外れていた。

それは自転車というより、くず鉄の固まりに近かった。酷すぎる姿から、確かに乗ることは不可能だと思われた。

亜然とし、言葉を無くしてしまった。

「お前、また酔って変なもの持って帰って来たんだろう」

そう言う平田に、ただ力なく笑い返すしかなかった。

どうせ馬鹿にされるだろうと思ったが、昨夜の怖ろしい出来事をすべて平田に話した。

平田は初めこそ半信半疑だったが、だんだん普通ではないことを察したらしい。その自転車を処分した方がいいという結論になった。

精神状態はまだ回復しておらず、またこのまま夜を迎えることに、かなり恐怖があった。そこで平田の提案に乗ることにした。

平田が自転車を担ぎ、すぐ近くの大きな寺に一緒に行った。

管理事務所のようなところへ行って平田が相談すると、一人の僧侶が出迎えてくれた。

「私はテレビに出てくる能力者のような霊感は持っていません。なぜあなたがそのような目に遭ってしまったのか、明確な答えを示すこともできない。しかし、この自転車にも生まれ死んだ歴史があります。その供養をしてやることはできるでしょう」

自転車にお経を唱えてくれるというので、二人で手を合わせた。自転車もその寺で処分してくれることになった。

供養が効いたのか、怖ろしい出来事はあれから起きることはなかった。

原因は何だったのかは不明のままだが、後日、知人がある情報を教えてくれた。

以前、あの河原で若い女が殺されたという。

その女の子は自転車に乗って出かけ、痛ましい事件に遭った。不思議なことに遺体はすぐ発見されたものの、自転車だけがどうしても出てこなかったらしい。

もちろん、あの自転車がそれなのかどうかは知る由もない。ただ、拾って帰った夜に起きた異変の意味は、未だにわからない。

つい先日、新しく買った自転車であの土手を走っていると、また草むらの中に自転車が倒れていた。

夜なので、はっきりと見えなかったが、あの自転車とよく似ているように思えた。

迷うことなく、駅へのコースを変えることにした。

投稿者　平太朗（男性・東京都）

坂道

ある町のアパートに住んでいたことがある。

アパートからすぐ右手に坂があるが、その坂はちょっと嫌な感じのする坂だった。

何が嫌なのかは具体的に指摘することはできないが、とにかくいつも不気味な雰囲気が漂っていた。

妻はもともと〝見える〟人らしかった。

「あんまり行かない方がいいよ」

常々そう言っていたが、霊感のない私でもなんか嫌な感じがする坂ではあった。

あれは参議院選挙の時だったと思う。

妻と一緒に選挙に行き、帰りはいつもとは違うルートで帰ろうということになり、大きい通りの方から家に戻ることにした。

ただ、そのルートを通ると、あの気持ちの悪い坂の下に出てしまい、坂を上って家に帰ることになる。しかし、まだ昼の三時半ということもあって、辺りは明るかった。あまり気にすることないだろうとその道を歩いていた。

妻は自転車、私は歩きで坂の下に向かう。

ずっと下り坂で、途中で道が二つに分かれている。家に向かうには左に行かなければならないので、私は左だよと妻に声をかけた。

しかし、妻はなぜか右に行くと言って聞かず、自転車ということもあって、様子を見てくると言い残して右の方に走り下ってしまう。

私はしようがないなぁと思いながら、妻が去った方に歩いて行った。

その時だった。

妻が坂のいちばん下の辺りから、一生懸命自転車をこいで今下ったばかりの坂を上がってくる。しかも、表情は何か切羽詰まっていた。

「すぐに戻って、早く！」

そんなことを叫びながら、追われるように必死でペダルをこいでいる。

訳がわからず、また妻の狼狽にも驚いて、とにかく小走りで私が言った左の道に向かった。

家の玄関まで戻ると、妻が必死な形相で塩を持ってきてくれと私に言う。

何を言ってるんだと思ったが、とにかく言われた通りにしようと、塩を持ってきて言われるまま妻の体と自転車に振りかけた。

その内に妻も落ち着いてきたので、何があったのかを訊いてみた。

妻が言うには、自転車で右側の坂のいちばん下に近づいた時、これはヤバイと感じたらしい。そこですぐブレーキをかければいいのだが、奇妙なことになぜかブレーキをかけることすらできなかったという。

そのままスルスルと走り下って、坂のいちばん下に着いてからようやく止まることができたというのだ。

その瞬間だった。

物凄く憎悪を感じさせる気配が、周りからブワ～っと包むように襲ってきたらしい。

妻が言うには、どうやら右の方に〝呼ばれた〟ようだと……。

奇妙なことがあるものだなと思って聞いていると、今度は妻が脇腹が痛いと言い出す。

服をめくって脇腹を見てみると、肌には爪で引っ掻いたような痕があった。

脇腹から背中の真ん中に向かって、数本の爪で引っ掻いたようなミミズ腫れが、赤く伸びていた。

もちろん、自転車をこいでいる本人が引っ掻いてつけることなどできない。

いったいあれは何だったのか。あの坂は何だったのか……?


その後、特に大きな異変はない。

妻がたまに瘴気を感じる程度で収まっている。

その後すぐ、私たちは引っ越した。

思えば、とにかく何をやっても落ち着かない家で、喧嘩も絶えなかった。

あの坂の下に、何か良くないものが澱のように溜まっていて、それに蝕まれていたのかも知れない。

投稿者　H・K（男性）

受胎告知

その日、私は生理で体調がすぐれず、一日寝て過ごしていた。

主人はとっくに出勤していて、自分ひとり布団に入ってウトウトしていた。

それが始まったのは、そんな気怠い時間。


ふと、隣の部屋で歩き回っている〝人〟の気配を感じた。


主人が心配して帰ってきてくれたのかと思い、起き上がろうとするのだが、眠いし体は重いしで、どうしても無理だった。

せめて目を開けようとしても、どう頑張っても目が開かない。

布団に張り付いている感じではあるが、金縛りとは違っていた。金縛りのように、押さえつけられている感じがなく、苦しさもなかったからだ。

部屋の中で点けっ放しのテレビの音や家の外の生活音もちゃんと聴こえている。ただ、自分が起き上がれないだけ……。

その間も隣の部屋では、誰かがぐるぐると歩いている。どうしよう、どうしたらいいのだろうと焦っているうちに、それは律儀に玄関から出ていき気配は消えた。いなくなると、私は不思議なことに布団から起き上がることができた。

悪い夢でも見ていたのだろうか、それにしては明瞭すぎる気配。テレビの番組の内容までちゃんと憶えている。

しかし、眠っていたにしてはぐったりと疲れている。訳がわからなかったが、夢を見ていたことにしようと、無理やり自分を納得させてその日は終わった。夜になって、念のために主人に確認したが、もちろん帰ってきていないとの返事。

翌月になり、また女の憂鬱な日がはじまった。

私は同じように布団の中で休んでいると、また、あの歩き回る誰かが現れた。やっぱり隣の部屋でぐるぐると歩き回っているばかり。

一か月前と同じように起き上がれず、目も開けられないのでそっちを向くこともできない。ただ、なぜか気配から三十代から五十代の男だろうと推測できた。さらに、髪の毛は短く、コートのようなものを着ていることも推測がついた。

ということは、やっぱりこれは夢かと思ったのだが、周りの生活音は相変わらずリアルだし、自分だけに異変が訪れているとしか思えなかった。

いつも同じなのは、起きようとしてもどうしても起き上がれないこと。目を開けることができないことだけだった。

そんな奇妙なことが何ヶ月も続いた。これはいったい何だろう、とは思っていたが、別に怖い思いをしている訳ではないし、一日だけ我慢すれば済むことなので、私はだんだん慣れていった。


すると、次から状況が進展した。

歩き回っていた誰かは、私の寝ている部屋に移動してきたのだ。

今度は布団の周りをぐるぐると歩き回る。誰かが歩き回っている間、やはり私は目を開くことも、起き上がることもできなかった。

怪奇現象には違いないのだろうけど、不思議と怖いとは思わなかった。

しばらくすると、いつものように玄関から出ていき、動けるようになる。

それからしばらくは、それは現れる度に私の周りをぐるぐると歩き回るようになった。

困ったことに、奇妙な体験も一年ほど経つと日常になってくる。

その日も変わらず、私の布団の周りをぐるぐると歩き回っていた誰かは、突然何を思ったか、急に私の上に覆い被さってきたのだ。

(………?)

特に体が重くなった訳でもなく、感触のようなものもなかった。

えっ！　と思った途端、私はパッと目が覚め、いつものように動けるようになった。

なぜかそれ以来、二度とそれは現れることはなかった。

そして、不思議なことがもう一つ。

それが覆い被さって来た日から一か月後、待ち望んでいた妊娠がわかった。

あの不可解な誰かのいきなりの出現といきなりの消滅……。子供が授かったことと、何か関係があったのだろうか？

投稿者　ｍｉｙｕ（女性）

事件現場

これは二十年以上も前のたいへん奇異な話だが、起因しているのは新聞やテレビを賑わせた幼女誘拐殺人、死体遺棄という惨い事件にあった。

私の家は東京のA野市というところにあるが、暑い夏のある日、地元のローカル新聞に奇妙な幽霊話が載っていた。

その内容は、夜中に農家の夫婦が市場まで野菜を届けるために、軽トラックで八王子と五日市を結ぶ小峰峠をよく通っていた。

すると、毎日のように小さな女の子が二人、その峠で遊んでいるという。農家の人はこんな遅い時間なので、絶対生きている人間ではないと思い、いつも無視して素通りしていたらしい。

そんなある夜、いつもの女の子たちがいなかったので、農家の人は（ああ、良かった）と安堵した。ところが何気なくルームミラーを見ると、軽トラックの荷台に女の子二人が乗り込んでいたという話だった。

そんな話が記事になった頃、私は親父と一緒に渓流釣りに出かけた。行った川は、小峰峠から山をひとつ越えた辺り。当初は全然釣れなかったが、川の上流部に入っていくと、ようやくヤマメが釣れはじめた。

面白くなってきたところなのに、なぜか親父は竿を畳んでしまう。どうしたと訊くと、さっきから胸が苦しく、頭も痛く、体はゾクゾクするという。だから、すぐに帰ろう。ここは何かおかしいと言い出したのだ。

私はやっと釣れはじめたのにと、怒りながら親父に文句を言ったが、親父はまったく聞く耳を持たなかった。

渋々竿を畳み、林道を車のところまで歩いていくと、さっきまで具合悪そうだった親父は、胸の苦しさなどがすぅーっと無くなったという。

さらに不思議なことに、釣りをしていた渓流のあの場所にいると、寂しくて仕方なかったと訳のわからないことも言い出したのだ。

それから三日後だった。

幼女誘拐殺人の犯人逮捕が報道された。犯人は私の家から車で五分もかからないところに住む者だった。

さらに驚くことは、親父の具合が悪くなった最後の釣り場からほんの近くで、女の子二人の遺体が発見されたのだ。

また、幽霊記事を載せたローカル新聞発行者が、犯人の父親だったことも報道された。父親は息子が犯人とは知らなかったのだろうか。記事になった幽霊話で、女の子二人と書いてあったのは衝撃的すぎる。

その後、落ち着いてから、またその場所に親父と釣りに出かけた。

しかし、親父はもう何も感じないと言っていた。

投稿者　N・I（男性・東京都）

知らせ

ちょうど正月休みが開けた初出勤の日のこと。

その頃、働いていたのは会社とも言えないようなもので、社長と私の二人だけ。ごく普通の一軒家の二階をオフィスとして借りていた。

当時、取引先から研修ということで、二人の香港の若者を預かっていた。

その日、彼らは昼食に出ていて、私一人が社内に残っていた。呼び鈴が鳴ったので、返事しながら階下の玄関先へ向かった。

ドアが開いて入ってきたのは、一階で一人暮らししている大家さんだと思った。何の用だろうと思いながら挨拶をすると、五十歳半ばぐらいの人は大家の弟だと名乗る。大家とはあまり顔を合わせないし、よく似ているので大家だと思ったのだ。

「じつは、年末から兄と連絡が取れないんですが、何かご存知ないですかね？」

いきなりそんなことを尋ねてくる。

昨日まで正月休みだったので知らない旨を伝え、事情を訊いてみると、お兄さんは電話にも出ないという。

一軒家といっても、プライバシーがあるので出入り口は別になっている。一緒に外へ出て鍵の開いてる窓がないか調べたり、郵便受けや窓ガラス越しに部屋の中を覗いたりしたのだが人のいる気配はなかった。

「まさか、風呂に入っていて中で倒れてるんじゃ？」

心配する弟さんに促されて家の裏へも廻った。

風呂場の明かりも点いていないし、風呂に入ったような気配もない。

「いやぁ、何度も電話したんですがねぇ。そうだ、兄が一人でやっている神田の印刷工場へ行ってみますよ。そこにいるかどうか確認してきます」

そう言い残して、弟さんは去っていったので、私は二階のオフィスへ戻った。

席について煙草をくゆらせながら、これまでの経緯からいろんな想像を巡らせてみた。

(もし、風呂の中で死んでいて、ブクブクの水死体になっていたらイヤだなぁ……)

不謹慎なことを考えていたその時だった。

ガタガタ、ガタガタガタッ……！

何の前触れもなく、物凄い音が響き渡った。

突然、この部屋とキッチンの間にある木の引き戸が、激しく縦に揺れはじめたのだ。

地震かと思ったが、地震のように部屋全体が揺れるのではなく、引き戸二枚のうち右側の一枚だけが縦に激しく揺さぶられている。

まさしく大家のことを想像したタイミングだったので、これには死ぬほど驚いた。

『オレは、下にいるよぉぉぉぉぉぉ～』

これは大家からの知らせではないのか……そう直感した。

だとしたら、これは経験したこともない恐怖だった。

引き戸の揺れは、たぶん五秒ぐらいだったとは思うが、私には二十秒にも三十秒にも感じられた。いつの間にか揺れは止んでいたが、私の心臓は激しく鼓動を打っていた。

まだ明るい昼間なのに、たった一人で部屋にいることが情けないほど怖かった。しかし、オフィスを放ったらかして逃げ出すわけにはいかなかった。

幸いなことに、それからは何も異常は起こらない。

少しずつ、私は落ち着きを取り戻していった。怖がりのくせに、怪談が好きな私だったので、徐々に恐怖心は好奇心へと変わっていき、さっきの怪奇現象の原因を確かめたいと思うようになった。

とはいえ、まだ怖れもあったので、気つけにコーヒーでも飲もうと思った。

金縛りのように椅子に座り続けていた体をそろそろと起こす。

（オレはただ、キッチンにコーヒーを淹れにいくだけだ……）

自分に言い聞かせるように、そっと辺りを窺いながらキッチンへ向かった。

問題の引き戸を開け、キッチンの窓を見ると少し開いている。

（なんだよ、あれは風だったんだ……）

安堵して窓を全開にすると、外は穏やかで無風。

（…………？）

もう何も考えないようにして窓を閉めた。

コーヒーカップを手にして、引き戸を手で揺すってみた。木製の重い引き戸は、横には多少揺れるものの、さっきのような縦揺れはどう揺すっても再現できなかった。

つまり、多少の風が吹き込んだとしても、あのように激しく揺れるはずがない。

引き戸を閉めて席に戻った私は、コーヒーを飲みながらある実験をやってみた。

意を決して、心の中で念じてみる。

（もしも、どこかで死んでいて、オレに知らせたいのなら、もう一度同じ事か、何でもいいから合図をください！）

少し怖かったが、もう後には引けないという気持ちで強く念じた。

そう念じ終えた、その直後！

プルルルルゥ……プルルルルゥ……

デスクの電話が、絶妙のタイミングで鳴り響いた。

突然の音にドキドキしながらも、急いで受話器を耳に当てた。

ツーーーツーーーツーーー……

手に取った受話器からは何も聞こえてはこない。さっきの現象の後の静寂と同じように、無音状態が続いた。

（……やっぱり、どこかで死んでいるのか？　それをオレに？）

そう思わざるを得ないような展開だった。

香港からの研修生や社長が戻ってきたので、社長にだけ報告して仕事に戻る。

午後三時頃、また呼び鈴が鳴った。階下を覗くと、先程の弟さんが玄関に立っていたので、印刷工場へ行った話を聞くことにした。

やはり、そっちにも年末から来ていないとのことだった。

「とりあえず、一階を確認しないと探しようがないし……」

弟さんの言葉に乗ることにした。

工具で玄関の鍵を壊すことができなかったので、ドアノブの付近に手が通るくらいの穴を開け、そこから鍵を開けて弟さんが中へ駆け込んだ。

すると、中から悲痛な声がした。

「やっぱり、いたよぉ……！」

私も反射的に中へ駆け込む。

座敷でがっくりと膝を落とした弟さんの前に、布団が敷かれていた。

布団の中で仰向けのまま、真っ白に変色した大家さんの死に顔が目に飛び込んできた。

警察の調べでは、年末から死亡したまま誰にも発見されずにいたとのこと。外傷もなく、突然死だと思われた。

しかし、わからないのは、なぜ私に〝知らせよう〟としたのか、ということだ。

生前、何度か挨拶ぐらいはしたことがあるが、会話らしい会話も交わしたことのない私なのに……。

投稿者　K-tamura（男性・東京都）

ベッドの下

四十年以上の人生の中で、初めて神奈川県の某病院に入院をする羽目になった。

入った病室には、二人の患者がベッドを並べていた。

食事は美味いとは言えなかったが、一応問題なく退屈な入院生活が始まった。

手術も無事終え、少し歩けるくらいまでに体力が回復したある夜のこと。

何時頃だったか覚えていないが、なんとなく金縛りが来そうな気配を感じた。

私は少し霊感めいたものがあるのか、時折あり得ないものを感知する。この時も、やばいと思ったので、体の力をスッと抜いて対処するようにしていた。


すると、ベッドの下から何かが布団を引っ張っているのがわかった。

ベッドの下に潜む者などいないので、初めは夢を見ているのだろうと思った。寝ているのか起きているのか、自分の意識を確認してみると、確かに意識は覚醒している。

布団が下に落ちないよう、私は両腕に渾身の力を込めて布団を押さえた。しかし、ふと気を緩めると、ぐいぐいと布団を引っ張る力がはたらく。

妙なことが起きているとわかった時、私はいつものやり方を試みた。

それは心の中で霊に語りかけること。

（あなたは誰なんですか……？）

心に感応する答えは返ってこない。これも通常のことではある。

（私に何か話したくて来てるんでしょう？）

しばらく待っても、やはり応答はない。

（私はあなたに危害を加える者ではありません。だから、ここには来ないでください）

善霊を身近に感じた場合、いつもこのように語りかけて説得する。すると不思議なことに、すうっと霊の気配が消えていくことが多い。

その後、私は必ず自分の意識が覚醒していることを確かめている。つまり、夢ではないということだ。

翌日の朝、看護師がベッドのシーツを取り替えに来た。

シーツが剥がされた時、私はそこに戦慄すべきものも見てしまった。

頭の位置から腰の位置まで、マットにべっとりと染み付いた大量の血痕……。もちろん血痕は乾いているので濁った茶色をしている。しかし、それは紛れもなく血の痕だった。

マットの上半分を覆うように付着した大量の血痕。それを見て私は直感的に（この人は死んだな……）と思った。

昨夜、自分のところに来た人は、この人だったのかも知れない。

突然の大量出血で、生への強い執着を残しながら他界したのかも知れないと想像が膨らんだ。

入院患者は回復して退院できる人と、回復できずに死という形でしか出られない人の二つしかない。私は幸い回復して退院することができた。

もし、回復できずに亡くなったとしたら、今度は自分が誰かの布団を下から引っ張るようなるのだろうか……。

投稿者　Ｅｒｉｋｕｓｕ（男性・神奈川県）

角膜移植

訃報の回覧が社内に回されたのは、工場内に枯れ葉が舞いはじめた頃だった。
茨城県にある工場の窓からは、海風が街路の木々を揺さぶっているのが眺められた。

社内報 第3421号 人事部通達

記

ケミテック事業部 開発三課　長谷正俊
一九九三年九月二十一日 死亡　同日 退職

人事部人事課

亡くなった長谷（仮名）とは、歳がそんなに離れていなかった。
直近まで、某大学理化学研究室へ出向扱いになっていたはずだった。

社員食堂で一度か二度見かけただけで、彼とはあまり面識はなかったが、あまりにも突然の死の知らせで驚いたことは確かだった。

（亡くなった原因は、何だったのだろう？）

そんな疑問がふっと頭をかすめたが、山と積まれた書類に意識はすぐ仕事モードに引き戻されていった。


開発部の中で、彼の死についての噂話が流れはじめたのは、それから間もなくのこと。会社からは、死因は心臓発作によるものだと公表された。過労死として認定され、補償金も遺族へ支払われることになった。

しかし、開発部の仲間うちでは、事故死ではなかったのかと囁かれていた。

当時、事業部の主力製品は、生産する際にかなり毒性の高い中間物質ができてしまうのが難点だった。

この物質は、無味無臭、透明でありながら、サリンに似た毒性を持っていた。彼は大学研究室で、この加工工程の短縮実験をしていたというのだ。

不幸の知らせが届いて、しばらく経ったある日のこと。

仕事中に、私の社内ポケットベルがけたたましく鳴った。ディスプレイには、品質管理部の電話番号が表示されている。

何事かと、すぐに電話を入れた。

「もしもし、何かトラブルでも?」

「ああ、オレだよ」

同期の仲のいい友人だった。

「ちょっと、相談があってさ。長谷のことで」

「何だよ」

「いや、電話じゃ長くなるし。変な相談だし、一段落したら分析室に来てくれよ」

周りに聞かれないよう、妙に声を押し殺した友人からの電話だった。この友人も長谷とは付き合いがあった。

夜になってやっと動けるようになり、暗い廊下を分析室に向かう。

私を待っていた友人は、分析室のフラスコで湯を沸かしコーヒーを入れようとした。周囲にはあやしげな薬品類が散乱しており、部屋の中にこもっている病院の消毒液のような臭気が、あらぬ不安をかき立てる。

「ああ、フラスコには蒸留水しか入れてないから大丈夫」

私の不安を見抜いたように、友人は笑ってドリッパーに湯を注いだ。

「それで、話って何だ?」

「うん、長谷のことだけど。開発の連中は、絶対事故だって言ってるんだ」

「訴訟でもするつもりか?」

「そうじゃない。ご両親も納得してることだし」

友人はそう言うと、もったいぶるようにコーヒーカップに口をつけた。

「じつはな、長谷の家ってちょっと訳ありなんだよ」

長谷とは、特に親しいというほどでもない私には知り得ないことを話しはじめる。

長谷は三人兄弟の末っ子だという。

長男は成績優秀で、両親の期待を一心に背負っていたが、大学に入った夏休みにバイク事故で命を落としている。

二番目のお姉さんも、肝臓病ですでに亡くなっている。つまり、長谷こそが彼の両親にとっての最後の望みだったというのだ。しかも、父親は脳溢血で倒れ、自宅で車椅子生活を送っているらしい。

「仕事が忙しくて、実家に帰る時間がないんだよ。僕が帰らなきゃいけないんだけど」

大学に出向中、長谷は両親を気遣って、しきりに心配していた。

彼の突然死は、そんな矢先の出来事だった。これで頼りにしていた息子娘は、全員亡くなってしまったということになる。

初めて聞く長谷の家の事情に、私はコーヒーが冷めるのも忘れて耳を傾けていた。

「それで、オレにできることは？」

「うん、ちょっと付き合って欲しくてな。自分だけじゃちょっと……」

ひとつ溜め息を吐いて、友人はそう言った。

「ああ、長谷んちへ行くのか。そうだな。一緒に線香を上げに行こうか？」

「頼めるか？　その前に日立にある病院の看護師さんと会って、長谷の家に連れて行かなけゃいけないんだ」

自分たちだけではなく、本当はその人を連れて行くのが目的のようだった。

「ははぁ、それって長谷の彼女か？　そりゃ一人じゃ嫌だよな」

「いや違うんだ。オレも先週、初めて会ったばかりだし、もっと話が複雑っていうか」

友人が話す内容は意外なものだった。

長谷の遺体が見つかったのは、彼の下宿の部屋だった。第一発見者は、家賃を受け取りに行った大家。部屋で倒れていた彼に声をかけても、ピクリとも動かなかったので、驚いて救急車を呼んだらしい。

発見された時には、すでに息がなかったという。

救急隊員が身分を証明するものを探すために、彼の財布を探ってみると、『アイバンクの登録証』が出てきた。

彼の体は簡単な司法検査を受けた後、角膜移植のため献体されることになった。

そして、彼の角膜を移植されることになったのが、この看護師の初島玲子（仮名）という人だった。

彼女の両目は視力が低下していて、特に左目は弱視でほとんど見えない状態だった。

これまでなんとか病院勤務を続けていたが、このまま弱視が進行すると、仕事もあきらめなければならないと不安な毎日を送っていたのだ。

それが角膜移植によって、とてもよく見えるようになったらしい。

「それでさ。彼女が一度、長谷の霊前で御礼のお参りをしたいというんだよ」

「そうか。なんだか、しんみりした話だなぁ。オレ苦手なんだよ、そういうの」

「オレもだよ。とにかく一人じゃ間が持たないし、付き合ってくれよ」

友人に懇願され、三人一緒に長谷の家に行くことを承諾した。

角膜移植された側の彼女が、仏壇に手を合わせたいという気持ちになったのは、奇妙な夢のせいだったという。

移植を受けて、目がよく見えるようになった頃から、同じような夢を繰り返し見るようになったらしい。それは、海岸道路から陸側に折れたところにある住宅街。そこにいつも見知らぬ男が黙って立っている……そんな夢だった。

彼女は予知のようにピンときていた。この男は亡くなって、自分に角膜をくれた人ではないのかと。

彼女は仕事上の伝手を使って相手の住所を調べた。

そして、どうしても訪問したいという電話が会社にあり、生前親しかった友人にその電話が回ってきたということらしい。

「なぁ、どう思う。彼女はもう完全にマジなんだ。長谷が呼んでるって信じてる」

「でもさぁ、移植の相手って普通、伏せるんじゃないのか？」

「いや、秘匿してもいいし、公開してもいいってことになってるらしい」

「ふ～ん、そうなんだ……」

その時だった。話に呼応するかのように、ひときわ強い風が窓ガラスに吹きつけた。

静寂を保っていた分析室の天井が、ギシッと音を立てたほどだった。

部屋の明かりも、一瞬暗くなったような気がした。

「なんだ？　今のは……」

「もしかして。長谷、か？」

二人は部屋の隅々に視線をめぐらしながら、少しゾッとしていた。

「何かヘンだよ。お前さぁ、今デスクに何かこぼした？」

「こぼさないよ。さっきから話してるだけじゃん」

「そうだよな。でもさ、これ見ろよ。あり得ないよ」

友人の指差す先には、真新しいリトマス試験紙の束が置いてあった。

デスクは濡れてもいないのに、それが見る間に色を変えていくところだった。

まるで、長谷からの返事であるかのように……。


十月も終わろうとする日曜日の午後、我々三人は日立市の喫茶店で待ち合わせた。

白いワンピースで現れた彼女は、予想に反して明るい娘だった。男二人のつまらない冗談によく笑ってくれた。

「ところでさぁ、同じ夢を見るんだって？」

「そうなの、同じ夢。海外沿いの道路にディスカウントショップやラーメン屋とかが並んでいて、私はコンビニの角の通りを折れて歩いて行くの」

「でもさぁ、そんなの日本全国、どこにでもあるような光景だと思うけどなぁ……」

「そうかも知れない。でも、いいの。自分を納得させに行きたいのよ」

そんな会話をしながら、友人はちょっと驚いていた。

長谷の家に行く国道沿いには、彼女が夢で見たという店が確かに存在していたからだ。

ただ、このぐらいなら偶然の一致ということもある。

話が弾み、喫茶店の窓が赤く夕日に染まる頃、我々はやっと腰を上げた。

それまで快活だった彼女だったが、トンネルを抜け、橋を渡りきった辺りから口を閉ざすようになった。

ルームミラーに映る彼女は、明らかに緊張していた。

大きく目を見開き、所在なげに窓の外をキョロキョロと見渡している。

友人が言うには、長谷の家は駐車場が狭いので、彼のワンボックスカーは近くの公園に置いていった方がいいという。

車を公園に停め、すっかり暗くなった道を歩き始めた。

みんな押し黙って歩いていると、後ろの彼女が立ち止まった。ひとつ大きく深呼吸して口を開いた。

「私……ここ、来たことあるかも知れない」

初めてこの辺りに来る彼女が、知っているはずがない。何を言っているのだと振り返ると、彼女は電信柱の横に立ち止まったまま、動こうとはしなかった。

何かショックを受けているようで、細い肩を上下させ、目に涙をいっぱい溜めている。

男二人が彼女のところへ戻ろうとすると、意を決したようにまた歩き出す。

「ごめんなさい。大丈夫。歩けるわ。私、わかるの。なぜかわかるのよ。どっちに行ったらいいのか」

僕らは顔を見合わせたが、その気迫のようなものに圧倒されていた。

ただ黙って、彼女の後ろを従うように歩くしかなかった。

公園の小道を抜け、彼女は郵便局の前で少し辺りを見回すようなしぐさをすると、さっと右手の細い通りに入って行く。

友人は半ば呆れたように、口も利かず後をついて行くだけだった。

一度だけ訪問したことのある友人は、うろ覚えではあるが道を知っている。しかし、絶対彼女が入り組んだ細い道を知っているはずがないのだ。

不可解な展開に友人の顔は硬直し、額にうっすらと汗すら浮かべていた。

次の角を曲がったところで、彼女の姿を見失ってしまった。

急いで後を追うと、彼女は一軒の家の前に佇んでいた。その家の表札には黒く大きな文字で、『長谷』と記されていた。

思わず友人の顔を覗き込むと、彼はゆっくりと肯き、長谷の家に入って行った。


三人はご家族に挨拶をすませ、仏壇の前で手を合わせた。

居間でお茶をいただきながら、ぽつぽつと長谷の思い出話をしているうちに、最初は少し動揺気味だった彼女の様子も、次第に落ち着きを取り戻していった。

亡くなった息子の角膜が役立っていることに、両親も静かによろこんでくれている。

そろそろ帰ろうかという時になって、唐突に彼女はぽつりと一言呟いた。

「……本」

長谷のお母さんが、ハッとしたように言葉に反応した。

「そうそう、本よね。息子は本が好きでねぇ、いっぱいあるのよ。そうだ、もし気に入った本があったら、持って行ってくださらないかしら？」

そうだった。生前、長谷は本が好きで、いつも何かの本を携えていた。

私は居間と続き部屋になっている長谷の書斎に入った。何本も並ぶ本棚には、専門書から小説まで、様々な本が無造作に並んでいる。

彼を良く知る友人たちの間では、長谷文庫と呼ばれていたのも理解できる量だった。

私は何気なく本の列を眺めていた。するとその時。

「有機化学概説……」

居間のソファーに座っている彼女の声が届いてきた。

「え、何？　どうしたの？」

「今、立っている本棚の下から三段目、右から五番目か六番目の本よ。持ってきて」

聞こえるように、彼女は少し大きな声を出していたが、居間からは本棚の並んでいる部屋の中は見えないはず。

しかも、彼女がこの家に入ってから、一歩もその部屋には足を踏み入れていない。そこにそんなタイトルの本があることなど、彼女が知るはずがないのだ。

言われるがまま、私は指摘された場所を探した。すると、確かにそこにその本があった。

並んだ本の中からその本を抜き取り、居間に戻る。そして、黙って彼女に手渡した。

本を手に取った彼女は、パラパラとページをめくった。すると、ページの間に挟んであった写真が一枚はらりと落ちた。

それは海を背景に、こちらに向かって嬉しそうに手を振っている長谷の写真だった。

その写真の長谷は「ありがとう」と言っているようだった。

なぜ、突然本を手にしたくなったのか。どうして、その場所がわかったのか。

彼女に尋ねても、ただなんとなくそう思ったからと答えるだけだった。

それにしてもわからないのは、角膜を移植した彼女の言動の数々……。まるで、角膜を通して長谷が存在しているかのように不思議だった。

結局、本は貰ってこなかった。

本好きにとって、どんな本でも手元に置いておきたいだろうと思ったからだ。

投稿者　しょうご（男性・茨城県）

異

世の中のすべての事象は、正常か異常かの二者択一だけで成り立つ。
圧倒的多数の日常の退屈の中に、突如紛れ込んでくる怪異。
制御不能の現象が激震となり、人間の小宇宙に容赦なく飛来する。

三人塚──後日談

じつはこの話、二〇一八年出版の『本当に怖い実話怪談 ─鬼哭の章─』の中にある「三人塚」という長編に関わるもので、まだ終わらなかった因縁話である。

長野県某所で、二十年間にわたって起き続けた祟りのような不可解な出来事があった。次々と関係した者に不幸が訪れるという、救われない連鎖だった。

メルマガ「逢魔が時物語」にその一部始終を投稿し、投稿者としてはやっと区切りもつき、終焉を迎えたものと思っていたらしい。

ところがしばらくして、震撼するような関連話を聞いてしまったのだ。

私（投稿者）は数年前の四月まで、当番制で回ってくる地域の組長をやっていたのだが、その飲み会で愕然とするその事実を知った。

十月に行われる地区の市民運動会の打ち合わせのため、七十人ほど各組長が集まる会合があったので出席した。

会合の後、御多分に漏れず若い衆で飲みに行くことになった。

二次会三次会と人数は分散していき、我々の仲間は六人ほどが残った。

その中に七つ年上の先輩で、工務店の棟梁をやっている斎藤さん（仮名）という人がいた。

怪談話が好きな私は、興に乗って話を振ってみた。

「斎藤さん、現場とかで奇妙なこととか、不思議なこととかないですか？」

「おお、あるある」

斎藤さんはいろいろ話してくれたが、どれも類型的なものばかりだった。

井戸の祟りとか、お祓いをしなかった報いとか……。そんな話は実話怪談本には溢れかえっているのだが、先輩は得意げに話し続けた。

ひと通り話し終えてから、斎藤さんは突然思い出したように言った。

「そうそう、祟りで思い出したんだけど、ゆうれいアパートついに取り壊しになるんだってな」

私はやっと興味をそそられた。

「ゆうれいアパートって、幽霊が出るんですか？」

「いやいや、ゆうれいは出ないけど、借りる人がいなくてな。夜近くを通ると真っ暗で、まるで幽霊屋敷みたいなので、周りからはゆうれいアパートって呼ばれているらしいんだ」

詳しく訊き出してみると、建物はかなり古いらしい。ただ、この近辺には珍しく、鉄筋コンクリート三階建てのかなり立派な建物ということだった。

不思議なことにこのアパート、なぜか借り手がまったくつかないという。

両隣には、昔ながらの典型的なおんぼろアパートがあるが、部屋はほぼ満室。

問題のアパートは家賃が極端に高い訳でもなく、逆にかなりの割安設定だった。

世間によくあるアパートの多くは二階建てで、鉄階段が外にあり、人が上り下りする度にアパート中にカンカンと甲高い足音が響く代物。そんな古いタイプのアパートに比べたら、こっちの方がどれだけ良いかと思うのだが……。

ところが、借り手が一向につかない。

夜には真っ暗になる建物だが、ただ一か所、管理人の女性がいる部屋だけ、時々明かりが点いていることがあるという変なアパートらしい。

「まぁ、いろいろあった家みたいだしな……」

斎藤さんは意味シンな言葉を吐いて、探るように私の顔を見た。

アパートの話をしているのに、いきなり家が出てくる。何か深い事情があるに違いないと思った。

斎藤さんは、しゃべりたくてたまらない顔をしているので、私は何があったのか催促した。

聞き出したのは、なかなかの因縁話だった。


その家というのは、もともと大きな土建屋を営んでいて、大層羽振りも良かったらしい。もう何十年も前のことらしいが、祠だったか墓だったかは定かではないが、何かを移動してほしいという仕事が舞い込んできた。

どうやらどこも請け負わないらしく、かなり高額な支払い条件だった。

当時、勢いがあった先代が、業務の範疇には入っていなかったのだが、工事を請け負って移動させてしまったそうだ。


ところが、それから奇妙なことが頻繁に起きるようになった。

早朝、現場に向かう途中で接触事故を起こした車があったので、代わりの車をやると、なんとその車まで事故を起こしたりした。

現場でもアクシデントは続く。

相手先との考えられないトラブルが起きたり、足場からの転落事故もあった。撤去作業の重機が崖から転落して、大怪我を負う者が出るなど、細かいものまで入れるとキリがないほどだった。

安全基準に問題があるのではないかと、当局から立ち入り検査を受けたほどだったらしい。

挙げ句の果てに、砂防工事中に生き埋め事故を起こしてしまう。

二人が生き埋めになり、一人は自力で這い出して助け出されたが、この土建屋の二男が土の中から救出されたものの意識はなく、三日後に息を引き取った。

そんな御難続きのせいもあって、その後すぐ土建屋は廃業したという。

どこも断っていた、あんな仕事を受けたせいで悪いことが続いた。こんなことになるのだったら、気安く仕事を受けるんじゃなかったと、先代はずっと悔やんでいたらしい。

「ほう、そんなことがあったんですか。怖いなぁ……」

因縁話に、半ば呆れ気味に答えていると、斎藤さんはさらにダメ押しの一言を吐く。

「悪いことがずっと続いた挙げ句、トドメがあれだもんなぁ……」

「何ですか！　そのトドメって？」

それは、予想もしない話だった。

「ほら、例のアパートに管理人の女がいただろ？　その人って土建屋の娘なんだよ。ずっと前の話だけど、若い頃にスナックに勤めてたんだよ。で、客の男と不倫してたのがバレて、別れる別れないとこじれにこじれたんだ。なんでも店内で大立ち回りを演じた挙げ句、刺されて重傷を負ってさ。刺した男は逃げて、山で首を吊って自殺したんだってよ」

私はそこまで聞いて総毛だった。

「ちょ、ちょっと待って、まさか！」

そう、この話の顛末って、以前投稿して『本当に怖い実話怪談　―鬼哭の章―』に掲載された「三人塚」に出てくる千田君のことじゃないかとピンときた。

こうなると確かめるしかなかった。

「その自殺した人って、千田さんていう名前じゃないですか？」

「そう、そんな名前だった」

ここにきて終わったと思っていた「三人塚」の歯車がギリと回った。

三人塚に関係して、亡くなった青木先輩たちの末路に、とうとう巡りめぐって塚を移動した土建屋の娘が絡んでいたとは……。

私は驚愕と恐怖に圧倒され、黙り込んでしまった。

「おい、急に黙り込んでどうしたんだ？　青い顔してるぞ……」

何も知らない斎藤さんは、不思議そうに私の顔を覗き込んだ。

私は青木先輩から聞いた三人塚の祟り話を覚えている限り話した。

初めのうちこそ、斎藤さんや好奇心で聞き入っていた者たちは笑っていたが、次第にどんよりとした重い空気になっていった。

「シャレにならんな……」

誰かの一言で飲み会はお開きになり、みんな落ち込んで帰って行った。


もしかすると、私が知る青木先輩やこの土建屋の話は、「三人塚」に起因する怖ろしい出来事のうちのほんの一部に過ぎないのかも知れない。

この塚に、なぜ地元の人たちが寄りつかなくなったのか、その前になぜ塚が祀られたのかを探っていくと、禁忌のようなものに辿り着くのかも知れない。

ただ、私にはこれ以上それを掘り起こす勇気はない。

投稿者　ワカメ（男性・長野県）

開かずの間

部外者に理由が知らされないまま、開かずの間になった部屋。

たぶん、その部屋の秘密などは、詮索しない方が賢明なのかもしれない。


その頃、私は四月から一人暮らしをはじめるため、アパート探しで両親と一緒に福井県に来ていた。その日、遅くなったので、親戚の家に泊まることになった。

家は少し山道を登ったところに、ポツンと一軒だけ建っている。

久しぶりに会った叔父と叔母、両親を交えた五人で楽しく話をしながら過ごしていた。

夕食後、私以外の四人は夜景を見に出かけたが、私は疲れていたので休むことにした。

寝室に敷かれた布団に横になっていると、部屋の前の廊下を誰かが歩く音がする。

（ああ、帰ってきたんだ。意外と早かったなぁ……）

疑いもなくそう思っていた。

しかし、私はそこでハッと気がついた。つい五分前に母からメールがあったことを。

『今から帰るからね』と記されている。

夜景を見られる高台から、ここまでは車で少なくとも二十分はかかる。両親たちである訳がなかった。同じ村に住む誰かが用事があって、勝手に入ってきたのかと思った。

そっと部屋を出て、廊下の突き当たりにある部屋の前まで行く。足音はこの辺りから聴こえてきたように思えたからだ。

その部屋は入ったことがないし、勝手に開けるのはどうかとも思ったが、私は部屋のドアを思い切って開けた。そこには、一瞬ひるむような光景があった。


部屋の壁という壁、床、天井まで、びっしりと御札で埋め尽くされていたのだ。


その異様さに圧倒されたが、恐怖心と同時に好奇心もあった。

そっと部屋の中に入ってみた。

部屋の奥の壁に一枚の写真が掛かっていた。可愛らしい女の子の写真だった。

(誰だろう……? 叔母さんの若い頃……? いや、そうじゃない)

私の知らない、初めて見る女の子だった。

その瞬間だった。

バタン！　重い音を立ててドアが閉まった。

驚いた私は慌ててドアに飛びつく。しかし、押しても引いてもドアは開かなかった。

気味の悪い御札だらけの部屋に閉じ込められ、私は必死で大声を出し、ドアを叩いて助けを求めた。


しばらくして、突然ドアが開き、部屋から手荒く引きずり出された。

廊下には叔父がこわい顔をして立っていた。

「何があった！　大丈夫か？」

私は見たこと、起きたことをすべて話した。

「ねぇ、あの御札は何？　あの写真は誰？」

真剣に訊いても、叔父や叔母は何も話してくれなかった。

あの部屋は何だったのか、あの部屋の秘密は何だったのか……。

今でも、伯父の家にはその部屋がある。

投稿者　海樹希（女性・福井県）

乳母車

待望の女の子が生まれた。

名前は美咲とつけた。この子を抱いて散歩するのが楽しみだった。

やがて美咲も体重が増え、遠くまで抱っこして行く時や散歩の時など、腕や腰が痛くなりはじめていた。そこで妻と相談して乳母車を買うことにした。

合うものをいろいろ探したがいいものが見つからず、町の店を歩き回っていた。とうとう夕暮れ近くなり、子供と三人あきらめて家路につくことにした。その帰り道、廃品回収の置き場に乳母車が埃をかぶって捨ててあるのが目に入った。

私はこれはラッキーかもと、乳母車を物色するように眺めたり触ったりし、壊れていないことを確かめた末、「タダだ、拾って帰ろうか」と妻に言った。

妻は呆れたような表情で、「何言ってるの。新しいのを明日買いましょう」と返すと子供を連れてさっさと歩き出した。

私もその時は、そうだよなと納得して帰宅した。

しかし、まだ使えそうなあの乳母車がもったいなくて、夜になってからもう一度出かけて拾ってきた。


次の日、早く起きて拾ってきた乳母車を丁寧に洗い、汚れを拭き取った。

掃除すると意外と新しく、タイヤは新品同様だった。これは儲かったと、さっそく子供を乗せて公園を散歩した。

乳母車の色は全体が赤で黒い縁取りがあり、遠くから見ると新品のようだった。

しかし、ずっと妻は不機嫌そうな顔だった。

「ねぇ、やっぱりこの乳母車、元の廃品置き場に戻しましょう」

頑なにそう言い続ける。

私は磨いてこんなに綺麗になったのだからもったいないと、妻の嘆願を受け入れなかった。

そんな押し問答をしているうちに時間も過ぎ、家に帰ることにした。

その途中だった。突然妻がお腹が痛いと言い出し、道路にしゃがみ込んでしまう。大丈夫か？　と、私が乳母車から手を離して妻に近づいた時だった。

乳母車がひとりでにジリジリと動き出したのだ。

ほんの一分ほどだったが、十メートル以上先へ移動している。坂でもないのに、どうして勝手に動き出したのか訳がわからなかった。

うずくまる妻を置いて、私は乳母車を止めようと後を追った。

その時だった。見通しの悪い横道から車が飛び出してきて、勢いよく私を撥ねたのだ。

私は思い切り道路に叩きつけられ、そのまま意識が無くなった。

気がつくと私は病院のベッドの上だった。

妻が子供を抱いたまま、心配そうに私を見ている。私はベッドからゆっくり起き上がると、自分はどうなったのかを尋ねた。

妻が言うには、痛いお腹を抱えながら乳母車と私を目で追っていたそうだ。

すると、誰かが乳母車を押して、足早に歩いていくのが見えたというのだ。


もちろん私には誰も見えていない。

私は乳母車が動き出したので走って駆け寄り、車に撥ねられたはずなのだ。

私の目には、乳母車はひとりでに動き出したとしか見えなかった。だが、妻は確かに誰かが乳母車を押していたと言う。不可解なまま、黙り込んでしまうしかなかった。

病院からはもう心配ないとのことで、帰宅が許された。明日から通院して治療するようにとのことだった。

夜になって帰宅すると、驚いたことに誰が戻してくれたのか、乳母車が玄関に置いてある。誰かは知らないが、よく私の家の乳母車だとわかったものだと思った。

そのことも気になったのか、妻は早くこの乳母車を廃品置き場に戻そうと蒸し返した。じつは、私も少し怖くなっていたので、今度こそ返すことにした。

夜十時を回った頃、乳母車を押して元の廃品置き場に向かったところ、後ろから声をかけられた。

振り返ると、いつの間にか七十歳ぐらいのお爺さんが立っている。

「その乳母車、どうかしましたか？」

不躾にそんなことを訊いてくる。

それよりも、こんな夜更けに老人が出歩くのは変だと思いながらも訳を話した。

老人は、やっぱり……と呟いた。聞くと、その乳母車は老人が捨てたものだということを打ち明けてくれた。

老人が言うには、年老いた奥さんが乳母車を買い物車代わりに使っていたらしい。

そして、乳母車を押して歩いている時に、車に跳ねられて亡くなったのだという。辛そうに、言いにくい話をしてくれた。

ということは、老人はやはり思い出の品として残そうと、一旦は捨てた乳母車を探しに来たのだと思った。

私は知らぬこととはいえ、すまないことをしたと思い、老人に謝って乳母車を返した。

老人はにこやかに微笑んで引き取り、老人の妻のように乳母車に寄り添い、暗闇の中に去って行った。

どこか安心した私は家に戻り、その夜はぐっすり眠った。

しかし不思議なことに、翌朝、また乳母車が家の前に置いてある。

昨夜、確かに老人が持っていったはずなのに……。合点のいかないまま、すぐにもう一度廃品置き場に戻そうと持って行った。

すると、歩いていた見知らぬ若い夫婦から、突然声をかけられた。

「あの、失礼ですが、その乳母車どうかしたのですか？　それ私たちが捨てたものなんですが……」

これには驚いた。

捨てたのは老人ではなく、この若い夫婦だという。

私は混乱しながらも、昨日のまでの経緯をすべて話した。

黙って聞いていた夫婦は目を丸くして驚いている。何か知っているのかと、今度は私の方から訊いてみた。

すると、信じがたいような話を聞かされた。


数か月前、その夫婦の父母が乳母車を押して外出し、帰宅途中に交通事故に遭い、二人揃って亡くなった、とのことだった。

乳母車は形見としてしばらく置いていたそうだが、悲しい思い出が募るだけなので、思い切って処分したというのだ。

それでも私はまだ納得できなかった。

確かに昨夜、ここで老人に会って、この乳母車を返したことを話した。その老人の背格好や顔つき、話し方まで覚えている限りを伝えた。

驚いた若夫婦は、ちょっと家に来てくれないかと言う。私は彼らの家に向かった。仏壇のある部屋に通された時、嫌な予感がした。

仏壇の脇に写真が置いてあった。老夫婦が揃ってにこやかに写っている。

私は覚悟してその写真をよく見た。やはり……昨夜の老人がそこに写っていた。
少なからず私はゾッとした。
老夫婦が寄り添う脇には、あの乳母車も写っていたからだ。

投稿者　ＭＡＳＡ（男性・タイ）

嵐の夜

その日、ひどく体調が悪く、私は小学校を休んでいた。

当時、新潟県M市の自宅の二階で、姉と一緒の部屋で寝ていたのだが、信じ難いものを目撃してしまう。

暑くも寒くもない季節ではあったが、その日はひどい嵐だった。

父も母も出かけており、夕方まで暗い部屋で過ごし、不安なまま家族が帰るのを待ち続けた。ほどなく母親が帰ってきたようだが、体調の戻らない私はそのままベッドの中で臥せっていた。

夜になると、ますます風雨が激しくなってくる。

すると突然、外壁に何かがぶつかる音と鈍い振動が伝わってきた。

壁の向こうは道路に面しており、その壁を何かで力いっぱい叩いているような、物を投げつけているような、そんな重い感じの音と振動だった。

奇妙だったのは、それが何度も何度も人為的に執拗に続くことだった。余りにも気持ち悪いので、私はその壁の窓から外を確かめようと起き上がった。

しかし、激しい雨風が窓を叩いているので、開けることすらできなかった。

私はふらふらする体で一階に下り、居間にいた父母に音と振動のことを問い質した。

「ふ〜ん、風で木でもぶつかったのだろう」

まったく気づかないようで、まともには取り合ってくれなかった。

家のそばには、壁に当たるような木は生えていない。気になるので、外に確かめに行こうとしたが、危ないからと止められてしまった。

仕方なく、また二階に戻ると不可解な音はもう止んでいた。

聴こえてくるのは、窓に叩きつける雨風の音だけだった。

夜も更け、私がベッドの中でウトウトしかけた頃、姉が帰ってきた。

当時、歳の離れた姉は高校生で、夜遊びでもしてきたのか、母の怒鳴り声とともに二階に逃げるように上がってきた。

しばらくして、やっと姉は二段ベッドの上段で眠りについた。

どれくらい過ぎた頃だろう。眠りかけては嵐の音で起こされるを繰り返していた私は、何か聞き慣れない、気に障る音に目が覚めてしまった。

ギ〜ッ、ギッギッ、ギィ〜ギィ〜

物と物が擦れ合う軋み音のようだった。それに混じって、

カチャ……カチャ、カチャカチャ……

窓ガラスに、何かが密やかに当たるような音もする。

今までは、嵐特有の窓がガタガタと揺れる音や雨がガラスに当たる音、風が電線を鳴らすヒュ〜ッという甲高い音しかしなかったのに。

どうもその音は、道路側の窓から聴こえてくるような気がする。放っておけないので、暗闇の中を手探りで窓に近づいていった。

家の窓はサッシではなく、格子状の木の枠にガラスを嵌め込んだものだった。だから、枠によってはガラスが一部割れて欠けている箇所もある。

私の動き回る気配か、その異様な音のどちらかで姉も目を覚ましたようだった。いきなりカチッと電気スタンドが点く。

二段ベッドから降りてきた姉と一緒に、音の元を探ることにした。すると、やはり窓ガラスの欠けた格子の辺りから聴こえてくることがわかった。

そのガラスは隅の一部が欠け、三センチほど穴が開いていた。

小さな穴の向こうは夜の闇が広がっているはずだったが、そこからギリッギリッという音を立てて、何かが部屋の中へ侵入してきていた。

それは、小さな穴と同じぐらいの太さの木の枝だった。

さっきも言ったように近くに木はない。なのに無理に捻じ込んでくるかのように、左右にギリギリと反転しながら、枝はこちらに突き出てきているのだ。

風のせいで飛んできた木の枝が、偶然すっぽり嵌まったとしても捻じ込むように入ってくることなどあり得なかった。

もし誰かの仕業だとしても、道路側の外壁には足場になるような庇や屋根はない。

その間にもだんだんと枝は中へ突き出てきて、もう二十センチほど入ってきた。

姉は何を思ったのか、その枝に手を掛け引き抜こうとした。しかし、何かが引っかかっているのか、なかなか抜けなかった。

その瞬間だった。姉は枝を握ったまま窓に激突したのだ。

「姉ちゃん、どうしたの？」

「わかんない！　何かに引っ張られた！」

理解を超越する奇妙なことが起きはじめていた。

気を取り直し、姉が再び引き抜こうとしたので、私も一緒に枝を持って引っ張った。

グッ……グッ……

確かに窓の向こうの闇の中で、何かが物凄い力で引っ張っている。

余りのことに手を離すと、また枝は捻じ込むように入ってくる。

ただ、この時点では二人は部屋の中だし、スタンドの明かりもあったので、震撼するほどの恐怖は感じていなかった。むしろ、この不思議な現象に興味が湧いていた。


もう一度枝を手に取り、引っ張り合いを繰り返していると、外側の引っ張る力がすっと無くなり、枝が抵抗なくこちら側に抜けてきた。枝の長さは三十センチほどだった。

勢い余って私たちは枝を持ったまま、後ろのベッドに尻もちをついてしまった。

その後だった。それで終わったかと思った異変は、想像もしていなかった恐怖を用意していた。

また、夕方聴こえていたようなあの音と衝撃。外壁に何かをぶつけるような音がしはじめた。そのすぐ後には窓の外を白い人影のようなものがすぅーっと通り過ぎる。

さらに、枝の出ていた穴から、白い触手のようなものが蠢き出てくるのを目撃した。

それはウニョウニョとまさぐるように、何かを探すように動き回っていた。

何にいちばん似ているかといえば、それは人の指だろうか。小さな子供のような、白く細く柔らかそうな指……。

窓を開けようとしているのか、まさかそこから入ってこようとしているのか、真の意図はわからなかったが、白い芋虫のようにおぞましく不気味な動きを続けた。

私たちは枝を手にしたまま、恐怖で口がきけなかった。

魅入られたように、その場で座り込んだままそれを見詰めるしかなかった。


その後のことはよく覚えていない。

白い指の動きに呪縛されたまま、いつしか朝を迎えていたようだ。いつ指が穴から消えてしまったのかもわからない。

昨日の嵐は収まり、嘘のように青空が広がっていた。

やっと我に返った私たちは、枝を持ったまま一階に降り、恐怖の出来事を両親に話した。

案の定、両親は笑うだけで本気にはしてくれず、まったく取り合ってくれない。

私はあの奇妙な振動と音のことを思い出し、道路側の外壁を確かめるために外に飛び出した。

壁を見上げて恐怖がよみがえってきた。

そこには泥の塊のようなものが無数にぶつけられていたのだ。ドンドンという鈍い音はこれだったのかと思った。

乾き切っていない泥の周辺には、小さな印のようなものが無数についていた。


目を凝らして診ると、その小さな印は泥のついた子供の手の痕だった。


昨夜の異様な出来事のすべてがつながったような気がした。

しかし、子供の手の痕は背の届かない高い壁にも付着している。それはあり得ない光景だった。

私は家に引き返し、両親にこれが証拠だと言わんばかりに外に連れ出し、つぶさに見せてやった。だが、なぜか二人とも説明がつかないのか、無反応、無口を貫くばかりだった。

次に枝の出処を調べようと、私は姉と一緒に近所の木々を見て回った。少なくとも家の四方には、窓に届くような木は一本もないことだけは確認できた。

この不可解な出来事が何を意味するのかわからない。

もし誰かの仕業だとすれば、その目的はまったく不明である。
ただ、ひとつ思い当たる節がない訳ではなかった。
これは子供の〝思い〟のようなものが関わっているような気がした。
私が生まれる前、私には兄がいたのだが、幼稚園の頃に病気で亡くなったらしい。
また、母は私を生む前、何度か流産をしたということも後で知った。
もちろん、確証などないが、嵐の夜に帰ってきたのかも知れない……。

投稿者　Y・S（男性・東京都）

常宿

仕事で泊まらざるを得ない旅館だったが、とうとう当たってしまった。

仕事で隣の山形県まで行き、一週間のうち二泊三日しては帰り、また翌週も二泊三日するというハードワークをこなしていた。

一人でやる仕事なので、気は楽だった。泊まる宿は寝られさえすればよいという条件で、格安の宿ばかり泊まっていた。

そんなある日、仕事が長引いて宿に着く時間が遅くなってしまった。

向かった宿は何度も泊まっている宿で、いつも予約なしで訪れていた。しかし、たまたまその日は町内のお祭りがあるとのことで、珍しく満室で空き部屋がないという。

時間も遅く、疲れて眠くて仕方なかったので、馴染みの番頭に無理を言った。

「布団部屋でも何でもいい。とにかく寝られるならいいから」と。

ところが番頭は、常連客の私にさえ本当に困った顔をする。

毎週泊まりに来てるのに、冷たいことを言うなと強引に頼み込むと、渋々、普段は泊まれない部屋だからと、訳がわからないことを言いながらも案内してくれた。

その部屋は宿の奥にある和室で、染みだらけの薄汚い部屋だった。

普段使われていないので、番頭は遠くから布団を運んで来る。

「寝るだけですよね？　すぐ寝てくださいよ」

妙な念を押して、襖を閉めて出て行った。

こっちも疲れていたし、時間も遅いので倒れるように布団に入って眠り込んだ。

どのくらい時間が経ったのか、ふと寝ていて息苦しさを感じた。完全に目が覚めるという感じではなく、半覚醒のままでいると首に何か巻き付いているような感じがする。

しかも、思うように体が動かなくなっていた。

わかっているのは、何かが巻き付いているせいで息苦しいということだけ。

怖ろしいと思ったのは、巻き付いている〝何か〟が、時折ギュギュッと締めつけてくることだった。

ギュッと締まって苦しくなった瞬間、なんとか手が動いた。反射的に首に巻き付いている物に触った。

それは、何十本何百本もの髪の毛のような感触だった。

一気に襲ってきた恐怖から、あらゆる神だのみとお経、挙げ句はご先祖様にも祈った。

すると、何が効いたのか、怖気だつような感触と苦しみは急に消えた。

嫌な汗をどっぷりかいたまま目が覚める。

すぐに部屋の電気を点け、カラカラの喉を潤すために、ノロノロと部屋の窓際にある手洗いに向かった。

コップの水をあおるように飲み、締められていた首を鏡に映す。首には綱でも巻き付けたかのような痕が赤い痣のように残っていた。

あれは夢ではない。起きたことは本当にあったことなのだと確信した。

その後は電気を点けたまま、夜が明けるまでそのまま起きていた。

やっと外が明るくなってきたので、手洗いで顔を洗った。

顔を拭いながら、鏡越しに何気なく部屋の様子を眺めてみた。すると、何か違和感というのか、どこか調和が取れていないことに気がついた。

昨夜はすぐ眠ったのでわからなかったが、部屋には大きな絵が飾ってあった。大きさは部屋には似合わないくらい大きい。

絵柄はどうということもない風景画だが、なんでこのサイズ？　と腑に落ちなかった。

妙に気にかかったので、近づいて絵に触っていると、掛けてあった額の紐がビシッと切れてしまった。

ドサッ！　と大きな音を立てて額が畳の上に落ちる。

絵が飾ってある額は裏側を向いて転がった。

額が吊ってあった壁は、物凄い染みが浮き上がっていた。どのぐらい長い間放ったらかしにしていたのかと呆れるほどの汚さだった。

しかし、ゾッとしたのは額の裏側の方だった。

薄汚れ、埃だらけの裏側には赤茶けた古い紙が貼ってある。

褪せて消えかかってはいたが、小さな字でお経がびっしりと書かれていた。それだけではない。その紙の上に御札が何枚も貼られていたのだ。


このまま部屋にいるのは、耐えられなかった。

すぐに着替えてフロントに行き、番頭にかいつまんで起きたことを説明した。

黙って聞いていた番頭は、私の顔を見て一言。

「あの部屋は普段どなたにもお泊まりいただきませんので、このことは……」

そう言い、口止めのためかサービスの朝食券を渡された。

もうその旅館には、二度と泊まることはなかった。

投稿者　さそり（男性・宮城県）

マスクメロン

私は東京で建築関係の仕事をしている。

時折、古いアパートの改修工事を行うことがある。ほとんど何の問題なく請け負っているが、たまに信じがたい奇妙な物件に当たることがある。


これは話していいものかどうか、今でもわからないのだが……。

その物件に出遭ったのは二十年ほど前のこと。場所は東京の足立区で、木造二階建ての築五十年以上の老朽化したアパートだった。

一階に四部屋、二階に四部屋の上下合わせて八部屋の小さなアパートで、リフォームを頼まれたのは一階のいちばん奥にある一〇四号室だった。

大家さんの話によれば、その部屋は借りる人の出入りが激しく、なぜかすぐ汚れるらしい。しばらく汚れたまま空室になっていた。

部屋を下見すると、ひどい状態だった。風呂やトイレの壁は剥がれ落ち、部屋のクロスは黒ずみ、畳からはキノコが生えるような有様だった。

（なんでこんなに汚くなるんだ……？）

少し呆れつつ部屋を点検していると、ふと壁の異変に気がついた。

四面の壁のちょうど真ん中辺りが、すべて微妙に四角く膨らんでいる。手で触ってみると、何か四角い物が埋め込まれているのがわかった。

どうにも気になるので、カッターで開けてみることにした。仕事を受けた後なので、手を入れても問題なかった。

（まさか宝くじか？　ひょっとして札束でも……）

好奇心と淡い期待のもと、シャーッとカッターの刃を走らせた。


しかし、それはそのどちらでもなかった。

というか、厭なものが出てきた。古くボロボロになりかけた『御札』だった。

御札はそれぞれの壁四面に、まるで結界を張るかのごとく埋め込んであった。なぜそんなものを貼るのではなく、埋め込んであったのかは知る由もないが、おぞましいほど不吉な感覚に襲われた。

この部屋には、何かある……と。

想像は膨らむが、それよりこんな物を職人に見られたら、誰もここに来なくなる。

そう思った私はそれらの御札をバリバリと抜き取り、この場から持ち出すことにした。

曰く有りげな御札はゴミとして捨てる訳にもいかず、近くの神社に持って行って処分してもらった。


数日後、いよいよこの部屋のリフォーム工事に入った。

しかし、すぐに事故は起きた。風呂場を塗装していたベテランの職人がシンナーで倒れ、頭を強打して意識不明になり病院に運ばれた。

大工は電動の釘打ち機で、自分の膝に釘を打ち込んでしまった。クロスを張っていた職人は、カッターで自分の手を切り裂いてしまった。

下手な職人だったんじゃないの？　と思う人もいるだろうが、十年以上一緒にやってきたベテランの職人ばかりで、堅実な仕事ぶりはずっと見てきている。

事故を起こしたこともないような職人達だから、立て続けにというのは偶然にしてもおかしすぎるのだ。

やはり、ここはまずい場所なんだと、内心思わずにはいられなかった。

数日後、なんとか工事も終わり（死人が出なくて良かった）と冗談半分で思ったほどだ。

そこが終わってからは障りのような大きな事故もなく、普段の落ち着いた仕事の状態に戻ることができた。

そんなことも忘れて五年ほど経った頃、またあの大家さんからアパートの改修工事をして欲しいという依頼が舞い込んだ。

（え〜、またあそこに行くのかよ？）

昔の厭な出来事のことを思い出し、私は辟易した。

まったく気が乗らなかったのだが、大家さんからの電話では、今度の部屋は一〇五号室だという。以前の一〇四号室ではなかったので、多少なりとも安心感があった。

アパートに着いて一〇五号室に向かった。すると、それは一階のいちばん奥の部屋。まさにそこは前回工事した一〇四号室だった。

単に部屋番号が一〇四号から一〇五号に変わっただけだった。

大家さんが苦笑しながら言うには、四は縁起が悪いので、一階も二階も四は抜かして、五にしたのだと。

騙された気にはなったが、ここまで来て断る訳にはいかなかった。

古い廊下をギシギシと音を立ててあの部屋に向かった。木の扉を開けた途端、ツーンと黴の臭いが鼻をついた。

ウッとしながら部屋に入ると、壁のクロスは黒ずみ、五年前にリフォームをしたとは思えないほど荒れていた。

普通に暮らしているだけなら、こんな状態はあり得ない。その間、何人かがこの部屋を借りたらしいが、みんなすぐに出て行ったという。

大家さんに理由を尋ねてみても、曖昧に笑うだけで一切訳を話そうとはしない。

「では、後はよろしく。お願いしましたよ」

何も答えることなく、そそくさと姿を消してしまった。

仕方なく、私は恐る恐る中に入った。

前回と同じように部屋の様子を見てゾッとした。同じようにまた、壁の真ん中辺りが膨らんでいる。

（あれ？　今回は壁四面ではなく三面が膨らんでいる。残りの一面はクロスが……）

明らかに前回と違っていた。

四面の壁に張ってあるクロスのうち、一面だけに異変が起きていた。それは例えれば、マスクメロンの網のようだった。クロスの表面に無数の筋が浮き上がっている。

「なんだよ、これ！」

私はその異様さに思わず叫んでしまった。

クロスは湿気の多いところに張ると、乾いてきた時に膨らんだり、皺が入ったり、空気が入ったりすることがある。過去にもそういうことはあったが、明らかにそれとは違っていた。

気になるそのクロスは後回しにして、他の壁三面のクロスにある四角い膨らみを切ってみた。すると……、やはりまた御札が出てきた。

ひとつ不思議だったことがある。

クロスは住人が張り直したらしいことはわかるのだが、どこにもクロスを切って御札を差し込んだ形跡がない。

つまり、切り口がないということは、クロスを張る時に一緒に埋め込んだとしか考えられなかった。なぜ……何のために……。

頭がちりちりと痛むような謎。背筋を這い登るような冷たい恐怖。それでも手は動かさなければならなかった。

いよいよマスクメロンの網の目のようになった壁を切り、中を確かめることにした。

どうせ直すのだから一気に剥がそうと、天井ギリギリで横にツーッとカッターを走らせた。両手を広げてクロスの端をつまみ、ベリベリベリと一気に剥がしはじめた。

そこに私が見てしまったもの……とは。

それは信じがたく、嘔吐しそうになるほど嫌悪すべきものだった。

マスクメロンの網の目のようになっていたものの正体とは、

無数の長い髪の毛の束だった。


髪の毛数本なら、こんなに浮き出ることはない。

束になっているために、クロスの表面にまでウネウネと浮き出ていたのだ。

その髪の毛の束はクロスを剥がす度に、クロスにくっついて剥がれていった。クロスを途中まで剥がすと、クロスは手前に裏返ってぶら下がる状態になる。

壁に張ってあった状態とは逆さまなのだが、網の目の一部をよく見ると、何かを表す文字のように見えた。

自分の顔を逆さにし、裏文字になった髪の束を読み解こうとした。

誰のとも知れぬ髪の毛に怖気だちながらも、必死で解読を試みる。

……すると、一つがわかり、後は続けて判読することができた。

シ　ネ　ノ　ロ　ウ　コ　ロ　ス　……

ハッキリそう読めた。

髪の毛を束ね、曲げたり切ったりして連ねた恨みの文字……。

私はその場に固まり、血の気が引いていくのを感じていた。そして、そのマスクメロンの壁だけは、どこにも御札が見当たらなかった。

私はこれ以上一人でいるのが耐えられなくなった。急いで部屋を出て、大家さんを呼びに行った。

瘴気に満ちたような現場に連れて行くと、大家さんは無言のまま、髪の毛が記す文字を凝視し続けた。

しばらくして、私は言葉を吐いた。

「こんな悪戯、誰がしたんでしょうね？」

心の動揺を押し殺し、演技で精一杯の苦笑を浮かべ、何か心当たりがあるかも知れない大家さんの態度を読み取ろうとした。

もちろん心の中では（こんなこと、まともな人間ができることじゃない）と思いつつ。

ややあって、大家さんはマスクメロンの壁を見詰めつつ、固い口調で呟いた。

「もういい。また連絡するので、今回の工事はちょっと考えることにするよ」

当然といえば当然の答えだった。

私はいつも現場の状況を記録するために、デジタルカメラを持ち歩いているが、この壁だけは写真におさめる勇気がなかった。

いや、撮ってはいけないという、心の警告に従ったのかも知れない。

その後、大家さんからは何の連絡もなかった。私も二度と関わりたくないので、こちらから一切連絡することもせず放置していた。

一年ほど前、別の仕事で近くを通ったところ、その古いアパートはいつの間にか壊されており、時間貸しのパーキングになっていた。

投稿者　ａｓｓｈｕ（男性・千葉県）

一本杉

中学二年になると、夏の恒例は学校の裏にあるお墓での肝試しだった。

私たちの学校は山形県上山市にあり、隣の寺の住職が校長をしていた。

市立の学校にしては、隣が寺というのは珍しいかも知れない。校舎の窓からは隣接して立ち並ぶ墓の列がよく見えた。

その中に樹齢百年は超える杉の大木が一本あり、墓と不気味にマッチしていて、なんとなくザワッとする雰囲気があった。


さて、七月十五日になると夜の八時から恒例の肝試しが始まる。

幽霊や妖怪役は、すべて三年生と先生が扮することになっていた。一本杉の周りや墓の陰、寺の境内などに隠れて生徒を脅かすのだ。

肝試しの出発点は学校の裏門。そこを出て寺に入り、寺の外の道路までが肝試しのエリアだった。

夜になると、みんなソワソワしはじめる。わかっていてもやっぱり気味が悪いのだ。

まず女子から三人一組になり、校門裏から寺に入って行く。

それを待ち受けて、一つ目小僧、口裂け女、ろくろ首、人魂、白装束の女など様々なお化けが、それこそ十五体ほどあちらこちらに隠れている。

女生徒の叫ぶ声、幽霊の脅す声、笑う声など、ある意味楽しげな騒動が展開していた。

そしていよいよ男子生徒、自分たちの番になった。

先生や先輩が扮装しているから怖くはないと思いたいが、そこは真っ暗な寺の墓地。歩き回っているうちに、少しずつ怖くなっていった。というか、突然、墓の陰などから奇声を発して飛び出してくるのだから、びっくりしてしまう。

今回、次から次へとお化けが出てくる中で、いちばん怖かったのは首吊りの光景だった。

これは本当によくできていた。

一本杉の太い枝からロープが垂れており、ブラ〜ンと首を吊っている人の姿が物凄くリアルで、生々しく目に焼きついてしまった。

おそらく人形か、もし人だとしても、首とは別にロープを体につけてぶら下がっているのだろうと思った。

それにしても着ている服といい、ダラリと垂れ下がった腕や首といい、他のお化けたちとは比べものにならなかった。

そんな思い出を刻みつけて、肝試しは何の事故もなく終わった。

参加者全員とお化け役が集合し、夜の十時には解散となる。

先生やPTAの人たちは打ち上げと称して、後片付けを済ませて飲み会を開くようだった。時間も時間なので、生徒たちはみんな三々五々帰宅していった。

しかし、我々五人の悪ガキは帰宅せず、逆に先生たちを脅してやろうと考えた。

顔にベタベタと色を塗ったり、余っているお化けの衣装を身に付けて意気込んでいた。

一人は首にロープを掛け、あの一本杉の首吊りが徘徊する真似を思いついた。

みんなで打ち上げ会場になっている教室にそっと近づき、いきなり窓から顔を覗かせ、奇声を発して先生たちを脅した。

母親役員や女性教師がいちばん先に驚いてくれて、作戦は大成功だった。

我々は大喜びで帰ろうとした時、後ろから体育の先生が声をかけてきた。

「おい、お前ら何してんだ。早く帰って寝ないか。明日はまた授業があるんだぞ!」

そう言いながら、一人一人の顔を確かめ、お化けの扮装を調べ出した。

勝手に使った化粧道具やお化け衣装のことを突っ込まれ、最後は怒鳴られてしまった。

先生は、首吊りのお化けの衣装を着た友達の前にやって来て、まじまじとそれを眺めて尋ねてきた。

「これは何だ？　新しいものを考えたのか？」

先生は何を言ってるのだろうと思った。

我々は肝試しの時、一本杉の枝で首を吊っている人の真似をしたのだと答えた。

「何を言ってる。首吊りの役をしている者などいないぞ」

笑いながらそう言うので、みんなで事細かに首吊りを見た光景を話した。

先生は半信半疑だったが、我々の真剣さに負けたのか、少し顔色を変えて他の先生や校長を呼んできた。

ちょっとした騒ぎになってしまったが、見たものは見たので、後に引き下がる訳にはいかなかった。そこで、我々が先導して、先生や父兄も一緒に一本杉の所に戻った。

辺りは真っ暗で鬱蒼と繁った杉が、太い無数の枝を漆黒の空に伸ばしている。先生がやや高いところにある一本杉の太い枝に懐中電灯を当てた。


すると……そこには首を吊った人が、ブラリと垂れ下がっていたのだ。

本物だった。首吊りの役の人や人形ではなく、本物の首吊りだった。

女の先生や父兄からは金切り声のような悲鳴が上がり、一瞬にして周りは騒然とした雰囲気になった。

誰かが警察だと叫んだ。慌てて警察に連絡しに行く者、医者を呼びに行く者、そこにいたみんなが浮き足立ち、大騒ぎになった。

我々五人は第一発見者ということで、次の朝、警察に呼ばれた。

警察には住職の校長や父兄の役員たちも来ていた。

「見たことを正直に話しなさい。その後は、帰宅してもよろしい」

校長の指示に従って、我々はいつ頃見たのかを詳しく説明した。


しかし、肝試しは同じコースを何十人も歩いたはず。当然、墓地の中心にある一本杉はみんな知っているし、その辺りにも脅かし役は何人も隠れていた。

みんな一本杉の近辺は注視していたはずなのに、自分たちしか目撃していないというのは信じられない話だった。

首吊りした人は、死後一日経ってることがわかった。つまり、肝試しをはじめた頃は、ずっと、本物の首吊りが存在していたことになる。

首を吊った人の身元は判明し、遺書も見つかったという。

ただ警察によると、その遺書に有り得ないことが記されていたという。

どういう訳か、遺書には肝試しの様子が克明に記されていたというのだ。五人が首吊りを見つけて、それの真似をすることまで書いてあったという。

果たして、そんなことが可能なのだろうか。

時間軸がまるで狂っている。これを肯定するならば、首を吊って死んだ後に、ぶら下がりながら下を見ていたということになるのだが……。

投稿者　ＭＡＳＡ（男性・タイ）

石巻のタクシー

東日本大震災を真っ只中で体験してしまった。

当時、勤めていたのは会社は、宮城県石巻市の海岸沿いにあった。周辺は岸壁から数キロ四方に渡って広がる工業地帯だった。

あの津波は、一階にあったすべての会社の資産を持ち去り、代わりに瓦礫と泥を置いていった。

私が所属していた会社は、なんとか数か月で復興したが、事業存続をあきらめざるを得ない会社も多く、社屋そのものが無くなったところもあった。

それでも一年ほど過ぎると仮設住宅が建ち、雇用も土木業を中心に増えはじめ、被災者の気持ちも幾分落ち着いてきたと思う。まだまだ日常が戻ったとは言えないが、少しずつ前を向こうという気持ちも芽生えてきていた。

地元の人間同士では、ひそかに『震災に関わる怪談』を語り合うこともあった。

震災の辛さの中で、実際に起きた幾つかの不可解な出来事を怪談として語ることで、悲しさ苦しさの感情を別のものへと昇華させつつあったのかも知れない。前へ進もう、前へ進まなければ、という意志の元で。

だから、ここで書く不思議な話も、自分も含め震災を体験した者の『想い』の一片として捉えていただけたら、幸いである。

これは私の会社の顧問をやっている会計士大島さん（仮名）の体験談である。

大島さんの事務所も石巻にあり、津波の多大な被害を受けた。波が引いてからは、事務所に戻っての復旧作業を余儀なくされた。

大島さんが作業を始めて数日経ったある日のこと。

ちょうど正午に近い時間帯だったという。その日は雨も降らず、時折自衛隊や警察車両が土埃を上げて走るほかは一般の通行人は多くなかった。

ふと作業の手を止めて、事務所の前の道路を見渡した時、一人の老婆がこちらへトボトボと歩いてくる姿が目に映った。

自衛隊の迅速な対応で、道路には辛うじて車が一台通れる幅が確保されているが、まだ瓦礫やヘドロが大量に積み残されたままだった。

余震も続いており、瓦礫の倒壊など二次被害も懸念されていた。

そんな危険な時期に、老婆がたった一人で出歩くのは見るも危なかった。

大島さんは、その老婆が気がかりでならなかった。老婆が事務所の前を通りかかろうとした時、つい声を掛けてしまった。

「お婆さんどうしたんですか？　まだ、歩き回るのは危ないですよ」

「……タクシー呼んだんだげっとも、なんぼ待っても全然来なくてしゃますたでば」

（タクシー呼んだのに、いくら待っても全然来なくて困った）

当時、公共交通機関は止まったままだったが、タクシーが給油制限の中で人々の移動のために大活躍していた。

おそらく老婆もこの辺りに住んでおり、家の片付けのためにタクシーで来て、日が暮れる前に、またタクシーで避難先にでも戻るのだろうと思った。

よく老婆を見ると、汚れのない奇麗な着物を身につけており、手には小さいな巾着を下げていた。

きっと、この袋に大切なものが入っていて、それを家に置き去りにしたまま非難したので、改めて取りに来たのかも知れない。

「ああ、そうだったんですか。で、どこのタクシーですか?」

大島さんの問いに、老婆は巾着から一枚のメモを取り出した。しわくちゃで、なんとなく湿っているそのメモに書かれていたのは、市内のとあるタクシー会社の名前と電話番号。

そのタクシー会社は、大島さんも普段から仕事で使っているし、旧知の友人も勤めている会社だった。

単なる偶然ではあるが、こういう時期は助け合うことが当たり前だった。

大島さんは、老婆に代わって携帯で電話をかけてあげることにした。

「お婆さん、大丈夫。すぐ来るそうですよ。ここで待ってましょう」

「ああ、どうもね。助かったでば」

大島さんはタクシーが来るまで作業を中断し、老婆と世間話でもしようと思った。

老婆の家の被害や避難先での暮らしのことなど、話題なら山ほどある。

ところが、そんな話をはじめる間もなく、瓦礫の道の向こうからエンジン音が聴こえ、土埃が舞い上がるのが見えた。

早すぎるぐらい早いが、ものの一分でタクシーがやってきたのだ。

白地の車体に青い二本ラインが特徴の、よく見慣れた車体だった。運転手こそ知らない人だったが、車は丁寧にかつて事務所の門のあった位置で停車した。

「お待たせしました」

ドアがゆっくり開いて、運転手が声をかけた。

老婆はそれに一瞥をくれると、大島さんに向かって深くお辞儀をした。

「本当に、どうもありがとうございます。気ぃつけで作業してけらいん」

（気を付けて作業してください）

老婆が乗り込んだタクシーは、再び土埃を舞い上げながら、道の彼方へと走り去った。

老婆の身よりのことなどを聞く暇もなかったが、大島さんは満足して作業を再開した。

しばらく経つと、また道の向こうに土煙が舞った。なんと先程のタクシー会社の車が、事務所の前にやって来る。

今度は顔を知っている運転手であり、さっき来た車とは別の車だった。

「ああ、大島さん、どうも！」

「あれ？　ああ、どうも……」

腑に落ちない顔をして大島さんは、運転手に挨拶した。

「大島さんのどごもしでーなや。津波おだづなっこの、ってなあ！」

（大島さんのところも大変だな。津波、調子のるなよ、ってな！）

運転手は親しげに話しかけてくる。

「ところで、お婆さんはどこ？」

「はぁ？」

「いや、だから、さっき電話くれて、大島さんどごから乗るお婆さん」

キョロキョロしながら、運転手は老婆を探している。

「ええ？　さっきおたくの会社の車が来て、もう乗っていきましたよ」

「もう乗っていった？　うちの会社のに？　んな訳ねーでば。んだって、おら、事務所いだら大島さんから電話来たってことで拾いに来たんだおん」

何か噛み合わない会話になっていった。

「でも、乗っていったの本当だし、おたくのタクシーを見間違えるはずないですよ。間違いなくおたくのタクシーでしたよ」

「おっがしいなー。ちょっと待ってな。ええ、こちら○○号車。大島さんどごのばんつぁん、だいが拾ったが？　どうぞ」（大島さんのところのお婆さん、誰か拾ったか？）

運転手は首を傾げながら、無線で会社と連絡を取り始めた。

「こちら本部、いや、誰も拾ってないです。どうぞ」

「了解……先生、ほいー、だいも拾ってねーど？」（ほら、誰も拾ってないぞ？）

ますます訳がわからなくなった。

「変だなぁ……」

「んで、いいんだっちゃ？　だいも乗せねくて」

乗る客がいないのだから、運転手は戻るしかなかった。

「ええ、すみません、無駄足になってしまい」

「いや、まだな！」

タクシーはやって来た方向に、また土埃を立てながら戻っていった。

しかし、老婆を迎えに来たのは、間違いなくあのタクシー会社の車だった。こういう時期だったので、配車も混乱していたのだろうと思った。


しかし、大島さんにとって、どうも腑に落ちない点が幾つかあった。

一つは時間の問題。

いつもなら、大島さんの事務所からそのタクシー会社に電話しても、車が来るまで距離的に十分はかかる。

ましてや震災の瓦礫が山積みで、車一台通るのがやっとの道の状況だから、少なくとも十五分以上はかかるはず。二台目に来たタクシーは、ほぼそのタイミングで到着した。だが、一台目に来た車は、ものの一分でやって来た。あまりにも早すぎる。

もう一つはタクシーが来た方角の問題。

タクシー会社と大島さんの事務所の立地上、車はいつも北から来る。にもかかわらず、一台目はなぜか南の方角からやって来たことを覚えている。

さらにもう一つ。

あの時、確かに老婆はメモを持っていた。そのメモにはタクシー会社の名前と電話番号が書かれており、やって来た運転手も「お待たせしました」と言っていた。

つまり、老婆が予め電話していなければ、そんなセリフは成立しないだろう。


訳がわからなくなった大島さんは、悩んだ挙げ句、数日経ってからそのタクシー会社の友人に調べてほしいことがあると頼んだ。

その日、うちの事務所の前からお婆さんを乗せたタクシーがあったかどうかを。

タクシー会社の方も、勝手に会社の名前を語って営業をしている者がいたら大変だと、ちゃんとした調査に乗り出した。

従業員一人ひとりに聞き込みをしたほか、当日の運行記録、勤務状況、売上金額などを照合した。

すると、あり得ない事実が判明した。

その日その時間、誰も大島さんの事務所前でお婆さんを拾っていないというのだ。

つまり、大島さんのところからお婆さんを乗せたタクシーは存在しない。

大島さんは、これら一連の不可解な出来事を、我々の会社に来た時に話してくれた。

話し終えると、本当に不思議そうにこう言った。

「いやあ、あれは間違いなくあそこのタクシーだったんですよ。それにしても初めてですよ、タクシーの幽霊を見たのは……」

タクシー会社でも、業務中に車ごと津波に流されて亡くなった運転手が何人かいるという。

大島さんは最後に、頭をかきながらとんでもないことを呟いた。

「……もしかすると、ですね。あのお婆さんも、亡くなった人だったのかも知れませんよね。でないと辻褄が合わないし」

その結論に私は妙に合点がいってしまった。

このような話は、今もなお被災地でまことしやかに紡がれ続けている。いったん絶たれた人と人との絆がかたちを変え、不可思議な話として記憶に残っていくのかもしれない。

投稿者　はち（男性・東京都）

教員住宅

「お前たちさぁ、幽霊やお化けを信じるか？」

小学校の授業中、突然、高田先生（仮名）が切り出した。

私を含めた生徒たちはその言葉に食いついた。退屈な授業より、そっちの方がいいに決まっている。

「じつはなぁ、先生、すごく怖い体験をしたという教師の友達がいるんだ」

先生は声を潜めて、ゆっくりと話しはじめた。

それは、私たちの小学校に赴任する前の群馬県の小学校での出来事らしい。

高田先生は当時、単身者用の古い教員住宅に住んでいた。その住宅は学校から一キロほど離れた古墳の裏手にあり、こんもりとした森の横の狭い平地に二軒並んで建っていた。

当時でも、すでにかなりの年数が経っているような住宅で、見た目もボロボロだったらしい。

平屋作りで五室、二軒合わせて十室しかなかった。

玄関横に狭いトイレと風呂、その奥に小さなキッチン付きの変形した六畳間があるだけの狭い家だった。

木製の雨戸を開けると、それぞれの部屋の前が小さな庭スペースになっており、花壇や野菜を作る先生がいたり、その場所で小犬を飼っている先生もいた。

お世辞にもきれいな住宅ではなかったが、住めば都で、慣れればそれなりに快適な住まいではあった。


ある春の移動で新たな先生が赴任し、教員住宅に引っ越してくることになった。

高田先生はその手伝いに行った。

山口（仮名）という新たな先生は、向かい側の建物のいちばん端の部屋に入ることになったが、間取りはまったく同じだった。

ただ、一か所気になった点があった。

六畳間にある押し入れの襖が二枚とも嵌まっていない。前の住人が外したにせよ、取り外した襖はどこにもなかった。

おそらくは汚れたか破れたかして、ずいぶん前から外されていたようだが、この部屋に越してきた当の山口先生は、さほど気にしている様子はなかった。

「別に住むのに支障もないし、まぁいいか」と。

そんな屈託のない新任の山口先生は、高田先生より三つ年下なだけで、年齢が近いこともあってすぐに二人は打ち解けた。

やがて、お互いの部屋を行き来するようになり、教育談議に花を咲かせたり、飲み明かしたりと交流を深めていった。


ところが、秋も深まった十一月になると、山口先生の様子が少しずつ変になっていく。あれほど快活だったのに急に口数が極端に減り、いつも疲れた様子で目の下に隈を作っている時もあった。

以前はお互いがよく部屋を行き来していたのに、山口先生の部屋を訪ねることはあっても、山口先生が訪ねて来ることはなくなっていた。

かといって彼の部屋に顔を出せば歓待してくれて、いつものように話も弾み、酒を酌み交わすことになるのだが……。

その落差が気になるので、高田先生は思い切って訊いてみた。

「お前、何か悩みごとでもあるのか？　俺でよければ相談にのるぞ。ま、カネの話は勘弁だけどな。ははははっ」

あえて冗談交じりに明るく尋ねてみた。

山口先生は謎めいた笑みを浮かべながら、俯いてしばらく考えていたが、ふと顔を上げて小さく微笑むと、何かをあきらめたかのように話しはじめた。

「まあ……あれだよ、俺の気のせいだな。大丈夫だ、何でもない」

そうとしか答えない彼の顔は、言葉とは裏腹にわずかに引き攣っていた。


事が動いたのは十二月中頃の深夜。

午前三時頃、高田先生は突然激しく部屋のドアを叩かれる音で目が覚めた。

いったい何事かと寝惚けたまま玄関の扉を開けると、必死の形相の山口先生が立っている。顔色も真っ青だ。

ふと足元を見ると、よほど慌てていたのかこの寒い夜に裸足だった。

どうかしたのか？　と尋ねる暇もなく、山口先生は興奮して大声でまくし立てる。

しかし、呂律も回っておらず、何を言っているのかまったく理解できない。

「とりあえず落ち着け！　話はちゃんと聞くから。こんな夜中に、他の部屋の先生たちに迷惑だから、とにかく俺の部屋に入れ！」

強引に自室に招き入れ、熱いコーヒーを飲ませてひと息つかせた。

「いったい何があったんだ?」

どうにか山口先生が落ち着いたところで、話を振ってみた。

そう問うても、しばらくは茫然自失したように目に力はなく、受け入れがたいショックから立ち直れずにいるようだった。

部屋のドアを叩いていた時とは一転し、興奮から諦観へと気持ちは移ってしまったのかも知れない。

高田先生は、彼がしゃべる気になるまで辛抱強く待った。


はぁ〜と大きな溜め息を吐いて、山口先生は語りはじめた。

それはこの夏のことだという。ふと気づいたことがあるらしい。

すっかり夜になってから学校から戻ってきた。教員住宅の部屋に入るとなぜかヒヤッと涼しい。

当時はエアコンなど高価で、まったく普及していなかった時代。外はたまらなく蒸し暑いのに、部屋は異様に冷えていたという。

ただ、その涼しさは、爽やかな涼しさというのとは異なっていた。

山口先生の表現では、『何か重く冷たい空気の塊みたいなものが、ベッタリと体に纏わりつく』ような嫌な感じだったらしい。

そこでいつものように雨戸を開け、扇風機をかけたのだという。

それが始まりだった。

初めのうちこそ異様な冷たさも我慢できたが、十月、十一月と秋から冬へと季節が移っていくと、もう耐えがたいほどの寒さとなる。

夏とは逆に、かえって外の方が気温が高く感じる日もあった。

山口先生はいろいろ探ってみた。すると、どうも原因は襖のない押し入れの奥から流れてくる冷気らしいことがわかった。見えないどこかに隙間があり、外気が入ってくるのかも知れないと思った。

教員住宅内に空き部屋があれば、そこから襖をもらってこようかとも考えたが、生憎空いている部屋はなかった。

仕方なく学校に相談してみると、三日ほどで新しい襖を入れてくれたという。

確かに、山口先生の部屋を何度目かに訪ねた時、（ああ、襖を入れたんだ）と思ったが、取り立てて話題にするほどのことでもなかったので、あえて訊くこともしなかった。

それは十一月の中頃からだという。

山口先生は夜中に変な夢でうなされることが多くなり、眠れなくなっていった。

それは本当に夢なのか、もしかしたら現実なのか、それとも単なる思い過ごしなのか、自分でもよくわからなかった。

山口先生は小さい頃からの癖で、寝る時は必ずすべての灯りを消し、真っ暗にしないと眠れなかったらしい。

ある夜、突然目が覚めてしまった。

部屋の中は妙に薄暗い。しかし、カーテン越しの外は真っ暗だった。かといって部屋の豆球が点いているほどの明るさでもない。

例えるなら、夢の中で見る仄暗さで、夜でもなく昼でもない。限りなく夜に近い薄暗さだったらしい。

布団に片肘をついて半身を起こし、目を凝らして周りを見渡した。


すると……なぜか押し入れの襖が半分開いている。

よく見ると、押し入れの中は空っぽだった。

そんなはずはない。衣類が入った箱や、趣味の本を収納するための本棚などでいっぱいのはずの押し入れ。それが引っ越してきた当時のように、空っぽになっていたのだ。

（うん？　俺の本はどこにいった……？）

混乱する山口先生の目に異様なものが映った。

押し入れの中で、何かがせわしなく左右に行ったり来たりして動いている。

（なんだ、これは……）

暗がりに目を凝らしてみると、四、五十センチほどのこんもりした布の塊。

よく見ると赤っぽいセーターだとわかった。

それがせわしなく左右に動いている。

ちょうど小学生が掃除の時に、床を雑巾で左右に大きく振りながら拭いているような動きというのが近かった。

まるで押し入れの奥で、誰かがセーターの腕の部分を握って、シャッシャッと左右に振り回しているような感じである。

そのセーターらしき布の塊が、半分開いた襖の端からスス、ススっと外に出たり入ったりしていた。

その光景は理解を超えており、体の底から恐怖心が湧いてきた。

半身を起こしたまま両手を床につき、後ろにズズッズズッと体を少しずつずらしていく。

その時だった。

今まで左右に動いていたセーターが、突然、顔面に向かってガバーっと覆い被さってきたのだ。


その後の記憶はない。

朝の五時頃、寒さに震えて目が覚めた。全身にかいた脂汗がじっとりと冷えていた。

部屋の中は真っ暗だった。手探りで起きて電気を点ける。すぐに押し入れを確かめてみたが、襖はしっかり閉まっていた。

恐る恐る襖を開けてみた。布団を入れるスペースが空いているだけで、後はギュウギュウに物が詰まっていた。

やっぱり夢かと思った。それにしても嫌な夢だった。こんな気味の悪い夢は生まれて初めてだった。

ところが、これを期にしょっちゅう同じ夢でうなされるようになった。

気持ちがめげそうだったので、電気を点けて寝るようにした。しかし、今度は別の奇妙なことが起こるようになった。

うなされて起きると、なぜか点けていたはずの電気が消えて真っ暗になっている。

この部屋で何か普通じゃないことが起きている。そう確信した。

しかし、『赤いセーターが、押し入れの中で勝手に動いている』なんて馬鹿な話を、教育者である自分が人に言える訳がない。

仕方なく、誰にも明かさず一人で溜め込んでいたというのだ。

苦肉の策として、山口先生は学校から帰るとすぐ眠り、夜中に起きて食事や授業の準備をするようにもした。

しかし、そんな無理が長く続くはずがない。先生の我慢も限界に達し、ついにキレた。

ある日の放課後、学校の用務員からトンカチと釘を借り、急いで部屋に戻った。

押し入れから必要な物だけを取り出し、二枚の襖が開かないよう頑丈に釘で打ちつけ、押し入れを封印したのだ。

「ははは、ざまぁみろ！」

山口先生は妙に高揚してしまい、止めどなく笑いが込み上げてきた。

これで今夜からゆっくり休めるかも知れないと、その時は思った。

ところがその夜、とんでもないことが起こる。

襖を釘で打ちつけてはみたが、まだ心底安心はできなかった。

そこで、今日は電気を点けて寝ようと、襖を確認してから布団に入った。

ところが夜中に、またぱっと目が覚めてしまう。

辺りは薄暗かった。いつもとは違うことに気づいた。いつもの悪夢で見る雰囲気とは、まるっきり違っていた。

半身を起こして押し入れの方を見た。襖が半分開いている。そして、押し入れの中はまた空っぽになっていた。

ササッ、ササッ……いつものように、赤いセーターの塊が左右に動いていた。

確実に釘で打ちつけた襖が開いている。寝る前にちゃんと確認したはずだったが、相変わらず赤い塊は動いており、襖の陰に引っ込んでは陰から出てくるを繰り返している。

ここまでは昨日までの夢の中で見る光景と同じだった。

しかし、今夜はその先へと進んでいた。


赤いセーターの塊に、何かモワッとしたものがくっついているのが見えた。

目を凝らし、それが何かわかった瞬間、山口先生は恐怖で動けなくなった。

セーターのトックリ部分から、長い髪の毛がゾワゾワと出ている。それが一緒に左右にバサバサと動いていたのだ。

山口先生の表現だと、セーターの中に頭があるのではなく、トックリ部分に長い髪のかつらを着けたような感じだったという。

咄嗟に（これはヤバい！）と直感した。

いつもだと、この後突然覆い被さってくるはずだった。

髪の毛のついた赤いセーターがこっちへ飛んできた瞬間、もしトックリ部分から頭が出てきたら……。

おぞましい想像が脳裏に浮かんだ。

幸い体は動いた。セーターのその部分を見据えて身構えながら、尻で少しずつ、それに悟られないよう後ずさりした。

幾分襖から離れた時だった。突然、背中にドンと何かが当たり、反射的に全身に力が入った。部屋の壁のはずがなかった。その瞬間、女の化粧水か香水の匂いがプーンと鼻に届いた。

次に山口先生は、到底あり得ない光景を目にしてしまう。

香水が匂ったと同時に、自分の両脇の背後から赤いセーターの腕がニュウ〜ッと二本、まるでバイクの二人乗りの時のように、腕をクロスして廻してきたのだ。

赤いセーターの袖から出ていたのは、細く白い女の手だった。それを見てしまった山口先生はその場で気を失った。

やがて気を取り戻すと、部屋は真っ暗だった。

ふらふらと起き上がり、電気を点けてゾッとした。押し入れの襖の片側が開いている。確かに釘でしっかり固定し、開かないのを確認したはずなのに開いている。

「ウフフフフ……」

耳元で薄く、女の笑い声が聴こえた気がした。

これが限界だった。山口先生は部屋を逃げ出して、何も考えず高田先生の部屋のドアをドンドンと叩いて助けを求めたというのだ。

「怖い……怖くて部屋には戻れないよ」

山口先生は思い出したのか、またわなわなと唇を震わせてうなだれた。

夜が明けるのを待ち、六時頃そっと二人で様子を見に行くことにした。

部屋は電気は点けっ放しで、押し入れの襖が半分開いていた。

よく見ると、襖の左端は釘がきちんと刺さった状態になっている。一方、半分開いた右端の襖の柱には釘が刺さっていた穴がある。

どう考えても、襖を力ずくで引っ張って釘を抜いたとしか思えなかった。

だが、それは不可解だった。

半分開いている襖は内側のもので、外側の襖はしっかり釘で固定されていた。

つまり、これは押し入れの中からこじ開けたということになる。しかし、この押し入れの中は物がいっぱいに詰まっている。〝人〟が入れるはずがない。

「どうする？　学校に報告するか？」

「こんなこと報告できる訳がないだろう。幽霊が出たなんて言ったら、教師をクビになっちゃうよ」

精根尽きたかのように、山口先生は自嘲気味に呟いた。

それからはしばらく、山口先生は寝る時だけ高田先生の部屋に泊まることになった。

念のため、それとなく住宅の他の先生にも、何か変わったことはないか訊いてみたが、怪訝な顔つきで何もないとしか答えは返ってこなかった。

学校にも住宅の過去のことを訊いてみたが、なにぶん古すぎてよくわからないとのこと。

ただ、住宅ができた当時は、あの二軒は女性教師の単身者用住宅として使われていたらしいことだけはわかった。

やがて女性教師用という枠が廃止され、今の状態になったとのことだが、かつてそこで何か事件が起きたとか、死人が出たとか嫌な歴史はまったくないという。

だから、その部屋で、なぜそんな怖ろしいことが起きたのかは説明がつかなかった。

山口先生は高田先生に一度泊まって確かめてくれと懇願したが、高田先生はビビって泊まることを拒否し続けた。

そんな折、高田先生はふと思い出したことがあった。

(待てよ、そういえば、山口先生の前に住んでいた先生は何も言ってなかったな)と。

それに山口先生も、冷気はあったにせよ、押し入れの襖を入れるまでは怪異はなかったと言っている。

ということは、もう一度襖を外したら治まるのではないのか？　ずっとその押し入れに襖がなかったのはそういうことではなかったのか。

このままでは埒があかないので、思い切って試してみることにした。

嵌めていた襖を元のように取り外した。

仕方なく、そんな仮説を立てた高田先生が、泊まってみることにした。

もちろん、何か異変があったらすぐに逃げ出すつもりだった。

初日こそ何か出るかも知れないと、相当恐怖があった。どこかで物音がする度に飛び起き、ほとんど眠れなかったが、怪奇現象らしきことは何一つ起こらなかった。

ただ、確かに底冷えするような寒さだけは感じた。

高田先生はこの部屋に五日間泊まり込んだ。次の日も次の日も、何も起こらなかった。

理由はわからないが、襖が原因だったように思えた。

翌週から、山口先生はビクビクしながら戻って行った。思った通り、襖を外してからは山口先生が怖ろしい夢にうなされることも、怪奇現象も一切なくなった。


やがて、山口先生は落ち着き、平穏な生活を取り戻した。

それからも山口先生の部屋に行くと、やはり襖のない押し入れはちょっと異常で、気にはなったが、二度と襖のことやおぞましい出来事のことを話すことはやめた。

投稿者　ワカメ（男性・長野県）

特別寄稿

遥けき彼岸と煩悩に満ちた此岸とを結ぶ選ばれし者たちが居る。
亡き者との縁を語り継ぎ、綴り続ける特異なる生業。
紡がれた渾身の怪異譚に震撼するもよし、救われるもよし。

伝説の男

サバイバルゲームは私の趣味の一つで、自身のチームを作って定期的な活動をするほど熱を入れてフィールドを駆け回っています。

そんな活動の中で知り合った和田さんという男性。彼は40歳手前のミリタリーオタクで、この世界ではベテランプレイヤー。サブマシンガンやライフルといった長物だけで50丁以上を所持していることから、ついたあだ名が『武器庫』。

そんな和田さんが20年ほど前に体験した話。

今はサバゲーと言えば一大ブームを築いており、老若男女問わず遊技人口も増えましたが、当時は熱心なマニアを中心とした、いわゆる男の遊びでした。まだ規制も無い時代で山の中や公園が主なプレイフィールド。中でも独特の雰囲気を持つ廃墟は、格好の遊び場でした。

「いい感じの廃アパートを見つけたから、次はそこでやろう」

ある日、仲間の一人がそう声をかけてきました。新しいフィールドで遊べると聞いて皆、大喜び。早速、その週末に集まる約束をしました。

いつもの公園の駐車場で待ち合わせをして、そこから車で20分弱。街外れの山の麓にポツンと建つアパートは「いかにも」という廃墟。ところどころガラスが割れ、壁にはお約束の落書きがあり、荒らされた過去の住人の生活痕が、物々しい雰囲気を醸し出していました。

プレイを始めると一時間、二時間はアッという間に過ぎ、気がつけばすっかり深夜に。和田さんはふと違和感を覚えました。静かすぎる。寂しい田舎町の外れとはいえ、車道も遠くはない。耳鳴りがするほどの静寂。同じ建物の中に潜んでいるはずの仲間の気配すら感じられない。

「何時だろう」

ふと腕時計を見ると深夜二時を廻っている。少し気味の悪さを感じた和田さんは、仲間の姿を確認したい思いに駆られ、見つかっても構わないと大胆にアパートの中を索敵（敵を探す行動）し始めました。隣の部屋、その隣の部屋と順に突入していくと奥の間に黒い人影を発見。その瞬間、先ほどまでの臆病風は消え、気持ちは臨戦態勢に。和田さんはゆっくりと慎重に、物音をたてないよう、そろりそろりと間合いを詰めていく。

部屋の奥の人影は向こう向きで仁王立ち。そのままの姿勢で首をうなだれているようにも見える。油断しきっているのだろうか……まあとにかくこれは幸運だ。「1キルゲット！」内心ほくそえみ、ハンドガンに持ち替えると至近距離から撃ちこみました。

その途端。

「なああああにすんだ!!　ごらあああああああああああああああああ!!!」

人影が振り返りながら割れるような大声で叫んだのです。驚いて立ちすくんでいると物凄い勢いで近づいてくる。黒いスーツを着た大柄な見知らぬ男。一緒に来た仲間じゃない！　一般人を撃ってしまった！　……いや、それよりもその威圧感たるやとてもカタギとは思えない。

固まってしまっている和田さんに男が詰め寄ってきて、ガッと肩を掴まれたと思った瞬間。男は懐から銀色に光る物を取り出し和田さんの腹に突き立てたそうです。

重たく鈍い衝撃に続いて身体中がカーッと熱くなり、その場にへたり込んでしまった。刺された、殺される！　そう思いながら、目の前がだんだん暗くなり、和田さんは意識を失いました。

「……和田、おい和田！　しっかりしろ！」

仲間の声に気がつくと、皆が集まって和田さんの顔を覗き込んでいました。

突然の大きな怒声に驚き駆けつけると和田さんが倒れていたと、皆一様に言います。

当の和田さんも慌てて周りを見渡すと、和田さんを刺した男の姿はありませんでした。

そして、刺されたはずの腹部にも痛みはなく傷もない。しかし肩を掴まれた感触や腹の感触は生々しく残っている。仲間たちも皆で周囲を探してくれましたが、ヤクザらしき男どころか生き物の気配すらなかったそうです。

後日わかったことですが、過去にそのアパートの一室に住んでいた若いヤクザ者がトラブルを起こして、その部屋で銃撃を受け亡くなっていたということでした。

和田さんはヤクザの霊を至近距離からエアガンで撃った男として伝説となりました。

雨霽おぼろ（作家、心霊スポットマニア／スタジオメトロノーム）

天井裏にあったモノ

ゴトン――。

背後で音が聴こえた。雑巾で床を拭いていた手を止め、音のした方を見やる。

その日は二年ほど暮らした借家からの引っ越しをするため、家族総出で作業をしていた。当時小学四年生だった僕も、荷物がすっかり運び出された後のがらんとした子供部屋の拭き掃除をしていたのを覚えている。

引っ越し先が市内の近場への移動だったため、業者は頼まず父と叔父が車を出し新居へと荷物を運んでいた。母親は掃除用具の買い足しに近所のスーパーへ出かけ、二つ年下の妹は隣家に住む同級生と家の前で遊んでいる。家の中には自分一人だった記憶がある。

昼下がり特有の、妙に気怠さを帯びた静けさが、無くなった生活感と入れ替わるように子供部屋を占拠している。この時間帯が嫌いだ。何かおかしなモノに遭遇する時は決まって、この気怠く重い静寂が充満している。

ゴトン。

また音がした。どうやら押し入れの上、天井裏で音が鳴っている。何か重量のある物が倒れたような音だ。近づいて見上げると天井の天板がずれて黒い空間が覗いている。

入居した当初から、この押し入れには戸が無く、僕の胸の高さあたりにある中段框を挟んだ造りで、上段には常に布団を積み上げていたため、これまで天井が特に視界に入ることも気にしたこともなかった。

これまでもずっと天板はずれて口を開けていたのか、それとも今の音と紐付く事由があるのかはわからないが、裸になった押し入れを覆う一面の黄褐色の片隅に、ぽつんと開いた小さな黒い口は物言いたげに強いコントラストを見せている。

凝視するうちに黒い空間の中に人膚のような物が見えていることに気づいた。どうやら天板の上に何かが乗っている。とたん、強い好奇心に駆られた。人知れず発見したお宝を、誰にも知られることなく秘密裡に確認しなければならない。そんな妙な気持ちになった。

早速、中段框によじ登り近い距離から見上げると、ずれた天板の奥にやはり肌色の何かが見えている。恐る恐る天板の端を指先で押してみた。それに反応したのかゴロンと何かが向こう側へ転がる音がした。ソレの重みが消えた天板を、今度は思い切って押し込むと、異世界への入り口はぐっと広くなった。

思い切り背伸びをして、そこからそっと顔を入れてみた。

わ！っと思わず叫び声をあげてしまった。

目の前に、こちら向きに横たわる人の生首があった。正確には人の生首を模したモノ。おそらく紙粘土で造られたであろう生首の両目部分には、大小さまざまなサイズの釘がびっしりと打ち込まれ、そこから無数のひびが入っている。顔全体にはさながら耳なし芳一のように黒い文字が書きこまれている。それらは複数の人名のようだった。さらに気味の悪いことに、頭部にはまばらに毛が生えていた。人毛か、そう見える何かなのかはわからないが、何かしらの毛を中に埋め込んだのだろう。

（これが音を立てたのか……二回も、どうやって？）

この生首が自然に倒れて音を出したのであれば、それまで立ててあったのだろうか、もしくは天井裏の構造上、段差でもあってそこから落ちたのだろうか。天板がずれたことと関係はあるのだろうか。不可解ではあったものの作り物だとわかると恐怖感はいくらか和らぎ、替わりに好奇心が湧く。初めて見る天井裏の様子をもっと見たいと思った。

僕はその場でジャンプをしてみた。飛び上がると肩口まですっぽり天井裏の闇に入り込む。ぼんやりと四方に広がる空間が見える。身体の向きを変えて大きく飛びあがり滞空時間を長くした。そうしてぴょんぴょんと飛び跳ねながら、ぐるっと辺りを見渡すうちに目が慣れてきた。天井裏には何か文字の書かれた無数の藁半紙や古いノートのような物が散乱していた。

——と、突然、人の気配を感じた。

天井裏の暗闇の中に大勢の人がいる気配だ。息遣いすら感じた。それらに見られている気がする。急に全身に冷や水を浴びたように悪寒が走った。自分は何か取り返しのつかない恐ろしい事をしてしまったのではないか。見てはいけない物を見たのではないかという気がした。

慌てて天板を引っ張って元に戻した。いや、戻そうとしたのだ。戻そうとした天板を向こうからグッと引っ張る感触があった。あまりの生々しさに女の子のような悲鳴を上げて押し入れから飛び降りた。一秒でも早く、自分の住む元の世界に戻らなければ！　今にも天板を破って得体の知れないモノたちがこちらの世界になだれ込んでくるのでは！　と生きた心地がしなかった。

僕は叫びながら家の外に飛び出した。

そこから先については記憶が模糊としてはっきりしない。

大人になってこの件を思い出し、家族に訊いてみたが、お前からそんな話を聞いたことはないという。借家を引き払う際、もしくは引っ越した後に管理人や不動産会社から何か言われなかったかとも訊いたがそれも記憶にないという。

天井裏の生首が紙粘土で作られたものではなく、人の首を切断し、上から何かしらの加工を施したものだったのでは、などといかにもホラーな考察もしたが、当時のその地域で殺人事件があったといった情報はまったく見当たらない。

この体験を幼かった自分の妄想ではないと確信を持っているのは鮮明な記憶だけでなく、この借家に住んでいる間に何度となく不可解な体験をしたからだ。

いずれにせよ、その借家は二〇一九年現在も、当時のままの青い屋根を航空写真上ではっきりと見せている。

「まだ、ここにいるよ」と言わんばかりに。

おおぐろてん（イラストレーター・漫画家／スタジオメトロノーム）

本館へ

社員旅行でいつもお世話になっている大阪の精密機械メーカーのS課長の体験談です。

Sさんが社会人二年目の頃といいますから二十年ほど昔の出来事になります。

Sさんは年末年始の休みを利用して、学生時代の親友三人とT県にある温泉郷の某ホテルに宿泊したのです。

通された部屋は純和室、ドアを開けて中に入るとまずは玄関、内土間があって右側にバス、洗面台、トイレがあります。

正面の襖を開けると十二畳ほどの床の間付の和室となっています。

和室の奥の障子を開けると広縁があり、小さなテーブルとチェアーが二つ。

窓からはほんのりと雪化粧した山が見えます。

久しぶりに顔を合わせた四人は、美味しい料理とお酒と思い出話に花が咲き、床に就いたのは深夜二時にもなろうかという真夜中だったそうです。

床に就いて間もなくのこと、

ガタガタ、ガタガタ、ガタガタ

「うん？　何の音だ？」

「ドア側の襖がガタガタ揺れているみたいだな」

「外から風でも吹きこんでるのか？」

「いや、窓側の障子は閉まっているし、音たててないから廊下からじゃないか？」

Sさんはそう答えると、布団から出てドア側の襖に向かうと襖を開け廊下に出たのですが、どこからか風が吹き込んでくる様子はありません。

「建て付けが悪いのかな？」

Sさんはそう言いながら、ビシャッと襖を閉め直して床に戻りました。

しかし、しばらくすると、また、ガタガタ、ガタガタ……

「おい」

「あぁ～」

四人は何かおかしいとは感じたものの、ただ襖がガタガタなる程度で部屋を代えてもらうのも大人げないと思い、とりあえず襖を外して壁に立てかけて、床に就き直したのです。

すると、今度は誰もいないはずのバスルームからシャワーの音が。

「おい！」

「ウソだろ!?」

Sさん達四人がバスルームを覗いてみると、シャワーが全開になっています。

「こういうのって、ホテルの怪談でよくあるパターンだよな」

「あぁ～、嫌な感じだな」

四人は、シャワーをきっちりと止め床に戻ったのですが五分もしないうちに、
ザァーーー
……と、またシャワーの音
「これは、もう無理だな」

「部屋を代えてもらうか」

ということで、Sさんがフロントに電話することになったのです。

電話で部屋を代えて欲しい旨を伝えると、フロントマンは一切理由は聞かず、

「承知いたしました。すぐに新しいお部屋をご用意させていただきます」

深夜に部屋を代えるというのに、理由ひとつ聞いてこないという事は、「やっぱり、そういう事だったんだ」と四人で話しながら荷物も整理し終わった頃
ピンポン、ピンポン！

「おっ、来た、来た」

……とドアを開けると、四十歳前後の仲居さんが立っています。

「ご迷惑をおかけして申し訳ございませんでした。早速、新しいお部屋にご案内いたします。どうぞ、こちらへお越しくださいませ」

「あ、はい、わかりました」

「本館のお部屋になりますので、少し歩きますがご容赦くださいませ」

……と、にこやかに四人を先導したそうです。


四人は「部屋のいわく」でも聞いてやろうと思っていたのですが、仲居さんの明るく優しい笑顔に毒気を抜かれて何も聞けなかったそうです。

仲居さんの後について廊下を十メートルほど歩いたところ、後ろから、

「〇〇〇号室のお客様でしょうか？　お待たせしました、ご案内いたします」

その声に振り向いてみると、フロントマンらしき男性が駆け寄ってきます。

「もう仲居さんが来てくださっていますよ、本館の部屋になるんですよね」

「本館ですって？」

「えぇ〜、こちらの仲居さんが連れて行って下さ……えっ!?」

先程まで四人を先導していた仲居さんが消えているのです。

「どの仲居ですか?」

「いや、今、ここに、いたんだけど……」

「いいえ、廊下の向こうから拝見していたのですが、お客様方四人の他はどなたも……。それに、本館は老朽化しておりまして、今、建て直しの最中でご宿泊はできないんです。新しいお部屋は、この新館の別の階にご用意させていただきましたので」

「いや、でも……」

「さぁ、こちらに、ご案内いたします」

四人はフロントマンの案内で新しい部屋に移った後、フロントマンに今までの出来事を説明し、何か知っていることがあるんじゃないかと尋ねたのです。

「いや、何かの間違いですよ。幻でも見られたのではないでしょうか」

「四人ともハッキリ見たんだ。幻のはずがない」

「さぁ〜、私からは何とも……」

フロントマンは言葉を濁すと、そそくさと部屋を後にしたそうです。

部屋での怪異現象、仲居さんの霊(?)……四人は確かに体験したのです。

そして、もし、あのまま仲居さんについて行っていたら……

今となっては、それらの現象がいったい何だったのか、Sさん達四人には知る由もありません。ちなみにその温泉旅館は現在も営業を続けているという事です。

ＭｏＭｏ（怪談作家　旅行添乗員）

幽霊に抱かれた感触

私は怪異蒐集家として怪談、怪異談を全国より集め、執筆と語りで怪談を表現する作家ではあるが、霊の存在に関しては懐疑的な立場をとっている。

もちろん私自身が、どんなに強力な霊スポットへ行こうとも、そういうものを見ない、聞かない、感じない、となれば「そんなんほんまにおるんかいな～」という気持ちにもなる。ともに霊スポットに何度も潜入した北野誠さんからは、こんなことを言われたことがある。

「中山君、もっと幽霊見る努力せな!」

ど、努力?

とはいえ、私も職業柄、不可思議な体験も何度かしている。ただ、それがいわゆる霊というものなのか、単なる思い込みなのかが釈然としないわけである。

そんな私が、幽霊ってこれか？　と半ば確信した体験がある。客観的な証言があるわけでもないので、話としては披露したことがあるが、このような原稿にしたためるのは初めてのこととなる。

私は今、作劇塾という作家養成塾の塾頭をやっている。

その教室は私の書斎であるが、ちょっと説明する必要があろう。

本とＤＶＤ、ブルーレイやＣＤ、レコードがびっしり入った本棚に囲まれた我が書斎は、その本棚と衝立によって二部屋に分けてある。

塾のある日はその一部屋を開放し、教室とするのである。

これはもう十年以上も前のこと。

時間は、午後二時頃。

この時の授業は漫画家志望の塾生が七、八人、元教え子の漫画家のＹ君が、彼らを教えていた。私はその時、本棚で間仕切したもう一つの部屋に籠もって、原稿の執筆をしていたが、徹夜明けだったこともあり、集中力が上がらない。

ひと眠りしよう、と、当時愛用していたワープロを閉じ、狭い床に寝っ転がった。

仕事用のデスクが目の前にあり、背中はもう背後の本棚と二十センチほどの距離だ。

昼間のことだし、ちょっと十分ほど仮眠するつもりで目をつむった。

途端に、背後に違和感があった。

人がいる。

それも、女。

見えているわけでもない。しかし、わかるのだ。

いやいや、気のせいだと言い聞かせる。

徹夜が続いたし、書いている原稿も怪談。疲れている……。

いやしかし、こんな感覚ははじめてだ。寝ている私の背後に、女が立って見下ろしている。ひしひしとそのビジュアルが脳裏に飛び込んでいる。

この女、抱きついてくる！

いきなりそんな感覚が立ち上がった。

その途端、背後の女も横になり、抱きついてきたのだ。

背中にぴったりとその体をくっつけ、両腕を私の腹の部分に巻き付けてきたのだ。その力が物凄い。どん、と私の体に衝撃が走り「うっ」と私は声を上げた。

そのまま女は、力を緩めることなく、ぐいぐいと力を入れて抱きしめようとする。

しかし、その感触は人ではない。

電気だった。微弱な電気の塊が私の体にまとわりつき、ビリビリとした刺激が全身に伝わる。もちろん私は金縛りの状態で、ここから逃れることも、まとわりついた両腕をふりほどくこともできない。

その間、十分か、五分か、ひょっとしたら数十秒のことだったのかも知れないが、私にとっては、とてつもなく長い時間に思われた。

「行け、行け、向こうへ行け。向こうへ行け」

心の中でそう叫び続ける。だが、ぎゅうぎゅうと力を入れてくる。やがてふっと体が軽くなり、怪しげな気配も忽然と消えた。

なんやったんやろ、今の。

えっ、幽霊?

なんだか確信に近い感覚。しかも、生霊のような気もする。

途端に怖くなった。

起き上がって衝立の向こうを見た。

塾生たちが、漫画の授業の一環として、クロッキーの実践をやっていた。

それを見て、ひとまず落ち着いた。

そして思った。

夢？　そうではない。はっきりとあの微弱な電気の塊の感触が残っている。

抱きしめられた時の衝撃は、おそらく忘れられないだろう。

しばらく塾生たちを眺めていると、時間となって授業も終わった。

「お疲れ様」

みんな、衝立越しに頭を出している私に向かって、挨拶をしながら部屋を出ていく。

この時、一人の塾生にこんなことを言われた。

「先生、さっき、うっ、て、凄いうめき声されてましたけど、どうされたんですか？」

えっ、生霊の心当たり？

心当たりの女性などいない……、と、ここには確信がもてないわけである。

中山市朗（怪異蒐集家、作家）

白い手

関西のＪＲ学研都市線に「祝園」（ほうその）という駅がある。

ここは京都府の南部、奈良県に近い相楽郡に属する地。美しい木津川沿いに拓けた古くからの農村地帯である。

都心から意外な近さにありながらも、交通の不便さから開発の波の外に置かれていた。

しかし、近年は京阪奈学研都市の一角として脚光を浴び、日に日に村も町も姿を変貌させている。

この話は、古い衣を毟り取るように変わりつつある村に起こった怪異である。

人々の幸を祝う、作物の豊作を祝う、暮らしの事なきを祝うという意のように、祝園という地名は縁起の良さを彷彿させる。

しかし、この地名はもともと『葬る』というのが語源だと郷土史家は言う。

祝う、ではなく葬る……。これが事実であれば、この地のイメージは死臭漂う不気味なイメージにがらりと塗り替えられてしまう。

奈良や京都に都があった時代、武将たちは血で血を洗う戦いに明け暮れ、疲弊した農村ではたびたび疫病と飢饉に襲われていた。

武将も雑兵も、罪のない百姓たちも虫けらのように命を絶たれ、無念の屍は累々と積み重なり、憤怒の血はこの地を染め続けていたのだろう。

屍は至るところに捨て置かれ、都は埋葬場所すら事欠いていた。窮余の策として、当時寒村であったこの地に屍の捨て場所を求め、亡骸を晒していたのではないか、と。

供養もされることなく、打ち捨てられ土に還っていった無数の者たち。

歴史の非情さに、いつしか『葬る園』は『祝う』という名を冠し、汚名をそそごうとしたのかも知れない。

そのせいか、この地に代々住む人から取材すると、今なお説明のつかない奇怪な出来事が起こるのだという。


ある年の晩秋。

この村に住む隆志（仮名）は、受験勉強の追い込みで連日深夜まで自室で参考書を広げていた。

家は大層古く、太い丸太の梁をがっしりと支える煤けた大黒柱や、おくどさんの鎮座する土間の薄暗い台所、家の外に置かれた雪隠などが時代を感じさせていた。

勉強部屋は、ギシギシと軋る階段を上がった二階のすぐ手前にある。階段の上はそのまま廊下になっていて、部屋は廊下と襖で仕切られていた。

隆志は襖を背にして、窓のそばに置かれた文机で毎夜遅くまで勉強していた。

受験生を抱える家庭はどこでもそうだが、深夜になると母親が温かい夜食を作ってくれていた。

勉強の邪魔にならないよう、母親はそっと襖を開け、部屋の畳の隅に夜食を置いていってくれる。隆志はいつも階段の軋み音で、夜食の時間が来たことを認知していた。

母親は声をかけるようなこともせず、そっと食べ物だけを置いて階段を下りていく。隆志も勉強の疲れを癒やせるその時間を心待ちにしていた。

その夜も、いつもと同じように机に向かっていた。階下の古時計が、少し前に十二回時を刻んだのを耳にしていた。

（ああ、そろそろ母さんが夜食を持ってきてくれるはずだ……）

そう楽しみにしつつも、目はしっかりと問題集に釘付けになっていた。

しかし、五分経ち十分経っても、母親が夜食を持って上がってくる様子はない。

階段の軋みもないし、温かい食べ物の匂いもしてこない。

今日に限ってどうしたのかな、やけに遅いなと思ったが、たいして気にすることもなく勉強に集中していた。


すると。

ス～ッと、廊下の襖が音もなく開いた気配がした。

その瞬間、ヒヤッとした空気が首筋を撫でたような気がしたので、母親が襖を開けたのだと思った。もう晩秋だから、夜の夜気が入り込んだのかも知れない。

「あ、母さん？　ありがとう。夜食はそのへんに置いといて」

隆志は机に向かったまま、振り向きもせず声をかけた。

母親は無言のままだった。おや？　と思った。こんな時も返事をせず、沈黙しているのは妙な気がした。

何か嫌な感じがするので、背中に神経を集中させながら鉛筆をそっと置いた。ゆっくりと後ろを振り返る。そこには今開いたばかりの襖が見えた。襖は十センチほど開いたままで、廊下の暗闇がスリット状になっている。

視線を徐々に下ろし、開いている襖の下部に移した。襖のいちばん下の端っこ、いつも母親が夜食を置いてくれるところに、〝それ〟はあった。

母親の手とは、はっきりと違う、病的なまでに真っ白な痩せた手が……。

細く痩せた白い手は、ちょうど階段の上がり口から、そぉ～っと襖を開ける途中というように、そこにピタッと貼りついていた。

まるで、いたずらっ子が現場を見つけられたように、手は動きを止めていた。

「ひっ……！」

喉の奥に息を吸い込み、声にならない声を上げた。

その瞬間、襖を開けようとしていた手は、スルスルッと白蛇が逃げるように、音もなく階段の闇に消えていった。

隆志はたった今目にしたもののことが理解できなかった。ぽかんと口を開けたまま放心していた。

その時、ギシギシといつもの軋み音を立てながら、母親が階段を上がってきた。

「ごめんな。夜食遅くなってしもうたわ。ここに置いとくからね。なんやあんた、ボ～ッとして。顔色も悪いよ。あんまり根つめたらあかんで！」

普段と変わらない母親の元気良さだった。

空気も元通りになっていて、さっき見たものは、きっと疲れからくる錯覚か気のせいだろうと思うようにした。


そして、次の夜が来た。

隆志は、いつもと同じように机に向かっていた。

ボーンボーンボーン……、いつものように古時計が十二時を打つ音が聴こえる。

今までと何も変わらない夜である……昨日以外は。

思い出したくないと思えば思うほど、余計に昨日見た奇怪なもののことが気になった。

あれは気のせいだと思い込もうとするのだが、目の奥に焼きついた生々しい白い手がよみがえってくる。

心臓がドクッドクッドクッドクッ……と、早鐘を打っているのがわかる。

神経がもう耐えられなくなった時、また首の後ろにひんやりとした気配を感じた。

反射的に振り返る。

昨日より、襖は少し広く開いていた。縦のスリットは二十センチほどになっていて、廊下の暗闇がより濃厚になっていた。

……白い手は、そこにあった。

襖の下に手をかけ、廊下の暗闇からじわりと開けようとしていた。

しかも、異常に細い手は肘まで侵入してきていた。

隆志は凍りついた。

それは錯覚でも見間違いでもなかった。昨夜のあの白い手がそこにある。目を見開き、喉の奥から叫び声が出そうになった瞬間。

また、白い手はスルスルスルッと、躊躇うように暗闇の向こうに消えていった。

結局、その病的に白い手の正体は、わからないままに終わった。

親に説明しても首を捻るだけだった。隆志が霊的なものに恨まれる覚えもなかったし、身内や近所で不幸があった訳でもなかった。まさに、唐突に起こった、不可解で怖ろしい出来事だった。三日目の夜から、隆志はその部屋に立ち入らなくなった。ゆえに、その後の顛末は不明のままである。

雲谷斎（逢魔プロジェクト主宰）

◎本書はＷｅｂサイト「逢魔が時物語」に投稿されたものを編集、文庫化したものです。

文庫ぎんが堂

怖すぎる実話怪談
瘴気の章

2019年6月20日　第1刷発行

編著者　結城伸夫＋逢魔プロジェクト

ブックデザイン　タカハシデザイン室

発行人　北畠夏影
発行所　株式会社イースト・プレス
〒101−0051　東京都千代田区神田神保町2−4−7　久月神田ビル
TEL 03−5213−4700　FAX 03−5213−4701
http://www.eastpress.co.jp/

印刷所　中央精版印刷株式会社

ISBN978-4-7816-7183-3

文庫ぎんが堂